民事・税務上の「時効」解釈と実務

税目別課税判断から
相続・事業承継対策まで

弁護士
永吉 啓一郎
［著］

清文社

はじめに

　本書は、税理士の皆様が実務を行っていく上で知っておくべき「時効」制度について、税理士の先生から著者が実際にご質問いただく中で、理解が必要と考えられる事項を中心に解説するものです。

　民事上の時効については、あまり税理士に関係ないとも思われがちです。しかし、貸倒損失の判断、債務消滅益の計上、相続財産性、財産評価などは課税判断に影響を及ぼすものであり、税理士業務を遂行する上で、不可避な問題となります。また、事業承継対策などを行う場合には、株式の整理などにおいて、時効制度が大きな影響を及ぼす局面もあります。

　民事上の時効制度は、2017年に成立した改正民法の施行（2020年4月1日）により、消滅時効の時効期間などについて大きな変更があります。ただし、特に税理士業務に関わる売掛債権や貸付金債権などの消滅時効については、しばらくは旧民法での判断が必要になります。実務上、これらの権利について、新民法による時効期間による消滅時効の問題が発生するのは、2025年4月以降ということになるでしょう。したがって、本書では旧法・新法を区別しつつ、両者について解説します。

　一方で広く「税務上の時効」と呼ばれるものの中には、賦課権や更正の請求の除斥期間、徴収権と還付請求権の消滅時効があります。消滅時効については、民事上の時効と類似の制度となっています。税理士の先生が一般的に「時効」と呼んでいることの多い賦課権（更正、決定及び賦課決定を行うことができる権利）は、厳密には、時効ではなく「除斥期間」にあたるものです。税理士業務遂行上は、更正の請求の期間制限なども含めて、この「除斥期間」が問題となるケースがほとんどです。したがって、税務上の時効については、この除斥期間も含めて解説しています。その他、不服申立や訴訟提起の期間制限についても取り扱います。

本書の全体の構成として、第1章では民事上の時効の制度について、第2章では税務上の時効の制度について、Q&A（ケーススタディ）を交えながら解説しています。そして、第3章以降では、個人所得・法人税、贈与・相続（税）、事業承継対策において、税理士の先生が実務上遭遇するであろう課税判断などへの影響について、Q&A（ケーススタディ）で解説しています。なお、第4章のタイトルは「Q&A 贈与・相続編」としています。この章では、贈与・相続「税」に関してはもちろん、贈与・相続において特に注意が必要な民事上の時効についての論点も第1節で取り扱っているため、このような表記となっています。

　第3章以降のQ&Aの解説には、第1章、第2章の制度に関する解説の箇所を適宜明示しておりますので、第3章以降からお読みいただき、理解が難しい点については、第1章、第2章の該当箇所に戻りご確認いただくという読み方も可能なよう配慮しています。第1章等の制度の説明を読み進めることに抵抗を感じた場合には、第3章以降からお読みいただき、制度の説明等は辞書代わりにご利用ください。

　本書が、少しでも、税理士など課税問題を取り扱う実務家の皆様のお役に立てば幸いです。

　本書を刊行するにあたり、私が運営するメーリングリスト法律相談会員の税理士の皆様に心より御礼申し上げます。皆様からいただく日々のご相談が、本書の礎となっております。

　最後になりますが、本書を執筆する機会を与えて下さった株式会社清文社の藤本優子氏をはじめ同社の皆様に心より感謝申し上げます。

2019年5月

弁護士　永吉　啓一郎

民事・税務上の「時効」解釈と実務
［目 次］

第 1 章
民事上の時効制度

1. 民事上の時効の種類 2

2. 民事上の時効の効果と要件 3

（1）民事上の時効の効果 5
（2）民事上の要件の概要 4

3. 〈要件1〉時効期間の経過 5

（1）消滅時効期間の経過 5
（2）取得時効期間の経過 18

Question 1 時効の起算点（起算日）と時効「期間の計算」24

Question 2 弁済期の定めのない貸付金債権の消滅時効の起算点 26

Question 3 借入金の時効期間の起算点と期限の利益喪失約款 28

Question 4 旧民法における職業別短期消滅時効と労働基準法の適用関係 32

Question 5 旧民法における職業別短期消滅時効と商事債権の特則の適用関係 34

Question 6 旧民法における信用金庫からの借入金の時効期間 36

Question 7 新民法における主観的起算点と客観的起算点がズレた場合の適用関係 40

Question 8 占有を引き継いだ者の取得時効の計算 42

4. 〈要件2〉時効の更新(中断)・完成猶予(停止)事由がないこと ··················· 45

（１）旧民法と新民法の時効の更新・完成猶予の適用関係 46

（２）旧民法の時効の中断と停止 47

（３）新民法における時効の完成猶予と更新 55

Question 9 一般的な債務の承認 59

Question 10 債権者以外の第三者に対する債務承認 62

Question 11 債務者が債権者に決算報告書を渡す行為と債務承認 64

Question 12 第三者による債務弁済行為と債務承認 66

Question 13 主債務に生じた猶予・更新事由と保証人等 68

Question 14 連帯保証人の債務承認と主債務の時効の更新 69

Question 15 複数回の「催告」と時効の完成猶予の効力の継続期間 71

5. 〈要件3〉時効の援用の意思表示 ·················· 73

（１）時効の援用の効果 73

（２）時効の援用権者と効力の範囲 75

Question 16 連帯保証人による債務承認と主債務の時効の援用 78

第 **2** 章

税務上の時効制度

1. 税務上の時効の概要 ·················· 82

（１）税務上の期間制限等 82

（２）賦課権と徴収権の関係 82

（３）本章での解説 84

2. 国税賦課権の除斥期間 ··········· 85

（1）通常の場合の更正、決定等の期間制限（通則法70条1項）87

（2）法人税の純損失等の金額についての更正の期間制限
　　（通則法70条2項）89

（3）更正の請求があった場合における特別の期間制限
　　（通則法70条3項）90

（4）脱税の場合の期間制限（通則法70条4項1号、2号）91

（5）国外転出等特例の規定の適用がある場合の所得税の更正、
　　決定等（3号）（所得税法60条の2、60条の3）95

（6）国税の更正、決定等の期間制限の特例（通則法71条1項）97

（7）分割等及び連結申告の場合における特例（通則法71条2項）102

Question 17 偽りその他不正の行為による申告後に修正申告書を提出
した場合の除斥期間 105

3. 更正の請求の除斥期間 ············· 106

（1）通常の更正の請求（通則法23条1項等）106

（2）後発的事由による更正の請求（通則法23条2項等）109

Question 18 通常の更正の請求と後発的事由による更正の請求の関係 116

4. 国税徴収権の消滅時効 ············· 118

（1）時効期間 119

（2）時効の更新（中断）、完成猶予（停止）事由及び時効期間の進行停止
　　事由がないこと 121

Question 19 徴収権の消滅時効の完成猶予・更新（中断）の及ぶ範囲 131

Question 20 納税申告と期間制限の関係 135

Question 21 主たる納税義務と第二次納税義務の関係と時効 135

5. 還付金等の消滅時効（通則法74条）················· 138

（1）過誤納金 *158*

（2）各税法による還付金 *159*

（3）時効の完成猶予（停止）・更新（中断）*159*

6. 租税争訟（不服申立て、税務訴訟等）の期間制限 ··········· 140

（1）国税に関する不服申立て及び訴訟 *140*

（2）地方税法における不服申立て及び訴訟 *143*

Question 22 固定資産税の過徴収と国家賠償請求の時効 *146*

第 **3** 章

Q&A 個人所得・法人税 編

1. 民事上の時効が課税判断に与える影響 ······················· 152

Question 23 債務の消滅時効と貸倒損失計上時期 *155*

Question 24 債務の時効の援用を受けた場合と寄附金 *159*

Question 25 債務「免除益」と債務「消滅益」における税法適用の違い *164*

Question 26 債務消滅益と権利確定主義・公正妥当な会計処理基準 *168*

Question 27 時効により取得した土地の収益計上時期と課税判断 *175*

Question 28 時効により取得した土地の取得費 *179*

Question 29 裁判における時効の予備的な主張と課税判断 *181*

2. 税務上の時効 ·· 184

Question 30 更正の除斥期間の始期は、事実と異なる経理処理をした
事業年度か *184*

Question 31	除斥期間経過後における修正申告と簿外現金の受入れ *187*
Question 32	除斥期間経過後における架空売掛金と損金算入 *190*
Question 33	除斥期間経過後の取得費の誤りと譲渡損益 *192*
Question 34	長期間にわたる従業員の横領と損害賠償請求権の計上と 貸倒損失 *195*
Question 35	法人税の純損失等の除斥期間の整理 *201*

第4章

Q&A 贈与・相続 編

1. 贈与・相続における民事上の時効 ……………………… *204*

Question 36	贈与契約における所有権移転登記請求権の時効 *205*
Question 37	遺産分割と消滅時効 *207*
Question 38	相続回復請求権と遺産分割請求権の消滅時効 *210*
Question 39	共同相続人の1人に対する消滅時効の更新（中断）など *213*
Question 40	相続があった場合の取得時効期間等の取扱い *215*
Question 41	共同相続人1名の取得時効の援用の可否とその効果 *218*
Question 42	遺留分侵害額請求権の消滅時効と除斥期間 *220*

2. 民事上の時効が贈与税・相続税の
課税判断に与える影響 ……………………… *225*

Question 43	取得時効と相続財産性① 〜相続開始前に時効の完成と時効の援用があるケース〜 *226*
Question 44	取得時効と相続財産性② 〜相続開始後に時効の完成と時効の援用があるケース〜 *229*
Question 45	取得時効と相続財産性③ 〜相続開始前に時効の完成があり、相続開始後に時効の援

用があるケース～ *252*

Question 46 債権の消滅時効と相続財産性①
～相続開始前に時効の完成と時効の援用があるケース～ *235*

Question 47 債権の消滅時効と相続財産性②
～相続開始後に時効の完成と時効の援用があるケース～ *258*

Question 48 債権の消滅時効と相続財産性③
～相続開始前に時効の完成があり、相続開始後に時効の
援用があるケース～ *241*

3. 贈与税・相続税の税務上の時効 *246*

Question 49 第三者による弁済と贈与税の賦課権の除斥期間 *247*

Question 50 贈与の有無及び時期と賦課権の除斥期間 *249*

Question 51 贈与契約書の記載通りに賦課権の除斥期間が計算されない
場合 *254*

Question 52 公正証書による贈与契約書があっても、「相続財産」とされ
る事例と「偽りその他不正の行為」 *258*

Question 53 連帯納付義務と時効 *262*

Question 54 未分割財産が分割された場合の更正の請求と除斥期間 *264*

第 5 章
Q&A 事業承継 編

1. 株式に関する時効 *272*

Question 55 名義株主による取得時効の主張と名義株主への取得時効の
主張 *275*

Question 56 所在不明株主の株式売却制度と時効の関係 *281*

| Question 57 | 株券交付がない株式譲渡（贈与を含む）に関する時効と課税関係等 *285* |

2. 先代経営者貸付・借入に関する時効 ···································· *294*

| Question 58 | 会社の先代経営者からの借入金と時効 *295* |
| Question 59 | 会社の先代経営者への貸付金と時効 *298* |

3. 遺留分の特別受益の期間制限 ···································· *301*

| Question 60 | 株式の生前贈与と相続法の改正による遺留分の特別受益算入期間 *302* |

Column 目次

● 消滅時効と「除斥期間」 *17*

● 「偽りその他不正の行為」と重加算税の「隠蔽または仮装」 *94*

● 消滅時効期間の改正と貸倒通達への影響 *162*

● 相続税と民事上の時効のまとめ *245*

※本書の内容は、平成31年4月末日現在に判明している法令等によっています。

＊ 凡 例 ＊

1　法令等
本文で使用される法令等の表記は、下記以外のものは正式名称としています。

旧民法……平成29年法律第44号による改正後の民法
　　　　　　ただし、相続法の改正の文脈で利用される場合には、
　　　　　　平成30年法律第72号による改正後の民法
旧民法……平成29年法律第44号による改正前の民法
　　　　　　ただし、相続法の改正の文脈で利用される場合には、
　　　　　　平成30年法律第72号による改正前の民法
旧商法……平成29年法律第45号による改正前の商法

家事事件手続法………家事法
行政不服審査法………行審法
行政事件訴訟法………行訴法

国税通則法……………通則法
租税特別措置法………措置法
所得税法基本通達……所基通
法人税基本通達………法基通
相続税法基本通達……相基通

2　判例、裁判例の表記
民集……大審院民事判例集、最高裁判所民事判例集
民録……大審院民事判決録
税資……税務訴訟資料
訟月……訟務月報
判タ……判例タイムズ

第 1 章

民事上の
時効制度

1.

民事上の時効の種類

　民事上の時効には、消滅時効（民法166条）と取得時効（民法162条）というものがあります。

　売掛債権を有しているが、売掛先が支払いをしてくれず放置していたら、売掛先から「売掛債権は時効で「消滅」した！」と主張されてしまったというのが、前者の消滅時効になります。

　一方で、不動産を長期間自分のものだと思って利用していたら、実は登記簿上、他人のものとなっていた場合に、時効によって不動産の所有権を「取得」するというのが、後者の取得時効です。

　この時効制度の趣旨は、以下の3点にあるとされています[1]。

○永続している事実状態を社会的に安定させること

○権利の上に眠る者を保護する必要性がないこと

○長期間の権利不行使によって生じえる立証の困難という訴訟上の問題回避

---

[1] 我妻榮ほか「我妻・有泉コンメンタール民法　総則・物権・債権」第5版280頁

第1章
民事上の時効制度

2.
民事上の時効の効果と要件

（1）民事上の時効の効果

　民事上の時効の効果は、一度発生すると「その起算日にさかのぼ」（民法144条）って生じることになります（課税判断への影響は、第3章以下を参照）。

　つまり、消滅時効であれば、時効期間の起算日から債権は存在していなかったことになりますし、取得時効であれば、時効期間の起算日から対象財産について所有などをしていたことになるということです。

　時効の効果が生じたにも関わらず、その効果を起算日に遡って認めないとすると、売掛債権の遅延損害金、利息などや不動産を利用していた間の利用料相当額の不当利得返還請求などの権利が残ってしまうことになります。それでは、時効制度の趣旨である永続した事実状態の安定をもたらすことはできませんので、そのようにされているのです。

　「起算日」は、次の**（2）**以降で示す通り、「起算点」（「権利を行使することができる時」や「権利を行使ができると知った時」）により定まることになります。ただし、時効期間の計算については、別途民法による期間計算のルールに従うことになることから、起算日と期間計算の開始の日（期間の始期）とは区別して考える必要（24ページ Question 1参照）がありますので、注意が必要です。

(2) 民事上の要件の概要

　消滅時効及び取得時効により財産権（債権・債務含む）に得失の効果が生じる要件は、次の3つとなります。

> 〈要件1〉時効期間の経過
> 〈要件2〉時効の更新（旧法：中断）・猶予（旧法：停止）事由がないこと
> 〈要件3〉時効援用の意思表示

　以下では、各要件について具体的に解説します。

3.

〈要件1〉
時効期間の経過

（1）消滅時効期間の経過

　債権の消滅時効期間については、今回の民法改正で大きく変わる部分です。

①　時効期間についての旧民法と新民法の使い分け

　民法の改正により、旧民法の消滅時効制度を知っておく必要はないと思われる方も多いかと思います。

　しかし、本書では新旧両方の民法を扱います。時効期間の改正の場合、早くとも民法改正の施行日（2020年4月1日）から5年経過するまでは、新法が適用される問題はほとんど生じないことやここ数年の時効の判断は旧民法によることになるという理由です。

　そして、消滅時効を考える際にどちらの規律に服するのかという点を知っておかなければなりません。これについては、改正民法附則に以下のような定めがあります。

> **（時効に関する経過措置）**
> 第10条　施行日前に債権が生じた場合（施行日以後に債権が生じた場合であって、その原因である法律行為が施行日前にされたときを含む。以下同じ。）におけるその債権の消滅時効の援用については、新法第145条の規定にかかわらず、なお従前の例による。

> 2　……省略……
>
> 3　……省略……
>
> 4　<u>施行日前に債権が生じた場合</u>におけるその債権の消滅時効の期間については、なお従前の例による。

　この第4項で、2020年4月1日前に債権が生じた場合には、その債権は従前の例＝旧民法が適用されるとされています。

　では、施行日前に契約はあるが具体的な請求権は、施行日後に発生する場合はどうでしょうか。例えば、貸付金債権で、契約は施行日前、弁済期は施行日後の場合はどうなるかという点です。

　第4項のいう「施行日前に債権が生じた場合」とは何かという点について、第1項にて、「施行日以後に債権が生じた場合であって、その原因である法律行為が施行日前にされたときを含む。以下同じ。」とされています。つまり、上記の「施行日前に契約はあるが具体的な請求権は、施行日後に発生する場合」も、契約日（法律行為日）を基準に判断するとしています。

　まとめると、2020年4月1日より前に契約があるのかどうかで判断されるということになりますので、契約日の前後で旧民法、新民法の適用を判断することになります。

〈時効期間の新・旧民法適用関係〉

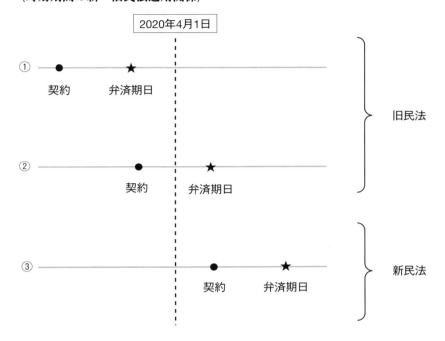

② 旧民法

a) 起算点

　時効期間が何年なのかという点とは別に、まず、権利がどのような状態になれば、時効期間のカウントが開始されるのかという起算点を知る必要があります。

(消滅時効の進行等)
旧民法第166条　消滅時効は、権利を行使することができる時から進行する。
2　……省略……

旧民法166条では、「権利を行使することができる時」とされています。

この消滅時効の起算点となる「権利を行使することができる時」の解釈については、学説上、権利行使について法律上の障害がなくなった時とする見解（通説）と権利行使が事実上期待可能となった時とする見解の対立があります。

この点について、判例[2]は、「権利を行使することについて法律上の障害がなく、権利の性質上、その権利行使が現実に期待できる時」をいうと解釈しており、実務上の基準となっています。

なお、この基準において、権利を行使するための事実上の障害は、時効期間の進行に影響を及ぼさず、たとえ権利者が権利を行使できることを知らなかったとしても、時効期間は進行するものとされています[3]。

具体的にみると、貸付金債権などのケースでは、約定の弁済期に法律上の障害がなくなり、権利行使も現実に期待できますから、弁済期が起算点ということになります。なお、時効期間の計算の始期は、原則として起算点の翌日となります（24ページ Question 1参照）。

b）時効期間

旧民法においては、債権の消滅時効期間は、<u>10年</u>とされています（旧民法167条1項）。

しかし、旧民法においては、商品の売掛債権2年、診療報酬債権3年などその債権の性質によって、より短期の消滅時効期間が定められています（いわゆる「職業別短期消滅時効制度」）。また、商行為によって生じた債権（いわゆる「商事債権」）については、民法とは別に商法の適用も受けることになります（旧商法522条）。その他、特別法（労働基準法）などの定めもあります。以下では、税理士業務において関わることがあるであろう主な債権の時効期間に関する規定を記載します。

---

[2] 最判昭和45年7月15日民集24巻7号771頁、最判平成8年3月5日民集50巻3号383頁など
[3] 大判昭和12年9月17日民集16巻21号1435頁

●一般民事債権

旧民法

（債権等の消滅時効）

第167条　債権は、10年間行使しないときは、消滅する。

2　債権又は所有権以外の財産権は、20年間行使しないときは、消滅する。

●職業別短期消滅時効制度

旧民法

（3年の短期消滅時効）

第170条　次に掲げる債権は、3年間行使しないときは、消滅する。ただ
し、第二号に掲げる債権の時効は、同号の工事が終了した時から起算す
る。

一　医師、助産師又は薬剤師の診療、助産又は調剤に関する債権

二　工事の設計、施工又は監理を業とする者の工事に関する債権

（2年の短期消滅時効）

第172条　弁護士、弁護士法人又は公証人の職務に関する債権は、その原
因となった事件が終了した時から2年間行使しないときは、消滅する。

2　前項の規定にかかわらず、同項の事件中の各事項が終了した時から五
年を経過したときは、同項の期間内であっても、その事項に関する債権
は、消滅する。

第173条　次に掲げる債権は、2年間行使しないときは、消滅する。

一　生産者、卸売商人又は小売商人が売却した産物又は商品の代価に係る
債権

二　自己の技能を用い、注文を受けて、物を製作し又は自己の仕事場で他
人のために仕事をすることを業とする者の仕事に関する債権

三　学芸又は技能の教育を行う者が生徒の教育、衣食又は寄宿の代価につ

いて有する債権

（1年の短期消滅時効）

第174条　次に掲げる債権は、1年間行使しないときは、消滅する。

一　月又はこれより短い時期によって定めた使用人の給料に係る債権

二　自己の労力の提供又は演芸を業とする者の報酬又はその供給した物の代価に係る債権

三　運送賃に係る債権

四　旅館、料理店、飲食店、貸席又は娯楽場の宿泊料、飲食料、席料、入場料、消費物の代価又は立替金に係る債権

五　動産の損料に係る債権

●定期金債権の消滅時効及び定期給付金債権の短期消滅時効

旧民法

（定期金債権の消滅時効）

第168条　定期金の債権は、第1回の弁済期から20年間行使しないときは、消滅する。最後の弁済期から10年間行使しないときも、同様とする。

2　定期金の債権者は、時効の中断の証拠を得るため、いつでも、その債務者に対して承認書の交付を求めることができる。

（定期給付債権の短期消滅時効）

第169条　年又はこれより短い時期によって定めた金銭その他の物の給付を目的とする債権は、5年間行使しないときは、消滅する。

●判決や裁判上の和解で確定した権利の消滅時効

旧民法

第174条の2　確定判決によって確定した権利については、10年より短い時効期間の定めがあるものであっても、その時効期間は、10年とする。裁判上の和解、調停その他確定判決と同一の効力を有するものによって確定した権利についても、同様とする。

2　前項の規定は、確定の時に弁済期の到来していない債権については、適用しない。

●不法行為による損害賠償請求の時効と除斥期間

旧民法

第724条　不法行為による損害賠償の請求権は、被害者又はその法定代理人が損害及び加害者を知った時から3年間行使しないときは、時効によって消滅する。不法行為の時から20年[4]を経過したときも、同様とする。

●商事債権の特則

旧商法

（商事消滅時効）

第522条　商行為によって生じた債権は、この法律に別段の定めがある場合を除き、5年間行使しないときは、時効によって消滅する。ただし、他の法令に5年間より短い時効期間の定めがあるときは、その定めるところによる。

---

[4] 旧民法下では、20年は除斥期間と解されています（最判平成元年12月21日民集43巻12号2209頁）。

> **●労働基準法の特則**
>
> **（時効）**
>
> 第115条　この法律の規定による<u>賃金（退職手当を除く。）、</u>災害補償その<u>他の請求権は2年間</u>、この法律の規定による<u>退職手当の請求権は5年間</u>行わない場合においては、<u>時効によつて消滅する。</u>

③　新民法

　旧民法の職業別短期消滅時効制度には、債権の消滅という重大な効果が生じるにも関わらず、時効期間が当事者にわかりにくいことや権利の性質として、どの債権に該当するのかが明確ではないという実務上の問題があります。

　そこで、2017年民法改正にあたり、職業別短期消滅時効及び商事消滅時効が廃止されました。そして新たに債権者の認識を基準とした主観的起算点が創設されて、客観的起算点との二元的な構成となりました。

> **新民法**
>
> 第166条　債権は、次に掲げる場合には、時効によって消滅する。
>
> 一　債権者が<u>権利を行使することができることを知った時から5年間</u>行使しないとき。
>
> 二　<u>権利を行使することができる時から10年間</u>行使しないとき。
>
> 2　……省略……

a)　起算点

（a）主観的起算点

　民法改正により、権利行使をすることができることを「知った」時という債権者の主観的な認識の有無が起算点の判断を分けることになります

（新民法166条1項2号）。

　そして、この「知った時」とは、どの程度の認識があれば足りるのかなどについては、条文からでは、必ずしも明らかとまではいえません。

　この債権者の認識の程度については、大きく2つの考え方に整理できるよう[5]です。

A説：債権の発生原因を認識していること

B説：債権の発生原因を認識していること、かつ、権利行使の現実的・具体的可能性

　ただし、「知った時」の考え方で結論が分かれるのは、主に事務管理、不当利得、損害賠償請求など、特殊なものであると考えられます。

　通常の税理士業務の中で、時効の知識が必要となる多くの場面は、契約（取引）上の債権（売掛債権や貸付・入金など）だと思われます。

　このような契約（取引）上の債権についての時効では、契約または民法の規律により債権の発生や弁済期などが決定されているため、債権者の認識としても、「権利を行使することができる」状態となれば、それを「知った時」と評価できる場合がほとんどであると考えられます。

　したがって、実務的に税理士の先生としては、認識の程度などに考え方の相違があることと通常の契約（取引）上の債権であれば、実務上権利を行使できる時から5年間と考えて差し支えないという2点を押さえていただければ十分でしょう。

　学術的な見解の対立の詳細を解説することは、本書の趣旨とは合わないことから、主観的起算点については、ここまでの解説に留めます。

---

[5] 弁護士酒井廣幸著「民法改正対応版　時効の管理」72頁

（b）客観的起算点

客観的起算点については、旧民法の起算点と同様です（7ページ参照）。

民法改正においては、主観的起算点における時効が成立するのであれば、そちらの規律が適用されることになりますが、主観的起算点のみですと、ケースによっては、主観的起算点の要件（「知った」）が充足されないとして、特定の債権について永久に消滅時効が成立しないということが想定されます。このような永久に消滅時効が成立しないという事態は、時効制度の趣旨に反する結果となってしまうことから、「知った」とはいえなかったとしても、客観的起算点により消滅時効が成立するように整理されました。

b）時効期間

新民法において、原則として、権利を行使できることを知った時（主観的起算点）から5年となります。仮に権利行使を知らなかった場合には、権利が行使できる時（客観的起算点）から10年となります（新民法166条1項）。なお、時効期間の計算の始期は、原則として起算点の翌日となります（24ページ Question 1参照）。

以下では、税理士業務に関連するそれ以外の主な時効期間の規定を記載します。

●定期金債権

新民法

（定期金債権の消滅時効）

第168条　定期金の債権は、次に掲げる場合には、時効によって消滅する。

一　債権者が定期金の債権から生ずる金銭その他の物の給付を目的とする各債権を行使することができることを知った時から10年間行使しないとき。

二　前号に規定する各債権を行使することができる時から20年間行使しないとき。

2　定期金の債権者は、時効の更新の証拠を得るため、いつでも、その債務者に対して承認書の交付を求めることができる。

●判決や裁判上の和解で確定した権利の消滅時効

新民法

（判決で確定した権利の消滅時効）

第169条　確定判決又は確定判決と同一の効力を有するものによって確定した権利については、10年より短い時効期間の定めがあるものであっても、その時効期間は、10年とする。

2　前項の規定は、確定の時に弁済期の到来していない債権については、適用しない。

●人の生命又は身体の侵害による債務不履行などに基づく損害賠償請求権

新民法

（人の生命又は身体の侵害による損害賠償請求権の消滅時効）

第167条　人の生命又は身体の侵害による損害賠償請求権の消滅時効につ

いての前条第1項第2号の規定【筆者：客観的起算点の規律】の適用については、同号中「10年間」とあるのは、「20年間」とする。

●**不法行為による損害賠償請求の時効**
新民法
（不法行為による損害賠償請求権の消滅時効）
第724条　不法行為による損害賠償の請求権は、次に掲げる場合には、時効によって消滅する。
一　被害者又はその法定代理人が損害及び加害者を知った時から3年間行使しないとき。
二　不法行為の時から20年間行使しないとき[6]。

（人の生命又は身体を害する不法行為による損害賠償請求権の消滅時効）
第724条の2　人の生命又は身体を害する不法行為による損害賠償請求権の消滅時効についての前条第1号の規定の適用については、同号中「3年間」とあるのは、「5年間」とする。

●**労働基準法の特則**[7]
（時効）
第115条　この法律の規定による賃金（退職手当を除く。）、災害補償その他の請求権は2年間、この法律の規定による退職手当の請求権は5年間行わない場合においては、時効によつて消滅する。

[6] 旧民法では、除斥期間と解されていました（11頁注釈参照）が、新民法では長期消滅時効の定めとされました。
[7] 民法の改正に合わせて、5年とすべきとの議論がなされていますが、本書執筆段階では法改正等に至っていません。

Column 消滅時効と「除斥期間」

　消滅時効と似て非なる制度として、「除斥期間」というものがあります。この「除斥期間」とは、法律上、定義が規定されているわけではなく、解釈によるものです。

　一般的に「除斥期間」とは、権利の存続期限を限定するものであって、この期間を経過した後の権利行使を除斥するという意味の制度とされています（我妻・有泉コンメンタール民法　総則・物権・債権第5版281ページ）。

　消滅時効も除斥期間も一定の期間の経過によって、権利が消滅するという点について共通しますが、①時効の完成猶予・更新（旧民法：中断）制度の適用がない点や、②時効の援用がなくても当然に権利が消滅するという点において、大きな違いがあります。

　両制度の違いは、制度の趣旨の違いから生じます。除斥期間の趣旨は、消滅時効の趣旨（2ページ参照）と異なり、権利の性質などから法律関係を早期に確定させる点にあります。早期確定が趣旨ですので、時効の更新や援用の制度は必要ないものと考えられているわけです。実際の除斥期間は、各権利について個別的に規定がされています。

　例えば、売買の契約内容不適合（旧民法：瑕疵）についての担保責任の1年の期間制限（民法566条）などが典型的な除斥期間になります。つまり、売買という取引において、物の契約不適合（瑕疵）についての損害賠償請求権や解除権を通常の時効制度のみに任せていたら、いつ紛争が起こり権利関係が覆るかわかりません。そういう意味で、不適合（瑕疵）の事実を知ったときから1年以内に通知等をしなければ権利行使できないものとして、法律関係を早期に確定させることとしているわけです。

　また、第2章でも詳細に解説しますが、税務上の賦課権（更正・決定等）の期間制限や更正の請求の期間制限などは、「時効」ではなく、この「除斥期間」となります。

3.〈要件1〉
時効期間の経過

（2） 取得時効期間の経過

　取得時効の権利の対象は、所有権（民法162条）及び所有権以外の財産権（民法163条）があります。また、「善意かつ無過失」か否かで、長期（20年）取得時効と短期（10年）取得時効と2つの異なる時効期間となります。

　取得時効においては、時効期間を計算する前提として、法定の要件を満たした占有（または権利の行使）でなければ、そもそも取得時効の対象とはなりません。以下では、実務上よく問題となる所有権の取得時効について解説します。なお、「占有」とは、その物に対して事実上の支配をしている状態をいいます。つまり時効期間の経過といえるためには、次の2つの要件が必要となります。

---

　①　取得時効の要件を満たした占有（または権利の行使）

　②　20年（長期）または10年（短期）の経過

（所有権の取得時効）

民法第162条　20年間、所有の意思をもって、平穏に、かつ、公然と他人の物を占有した者は、その所有権を取得する。

2　10年間、所有の意思をもって、平穏に、かつ、公然と他人の物を占有した者は、その占有の開始の時に、善意であり、かつ、過失がなかったときは、その所有権を取得する。

（所有権以外の財産権の取得時効）

民法163条　所有権以外の財産権を、自己のためにする意思をもって、平穏に、かつ、公然と行使する者は、前条の区別に従い20年又は10年を経過した後、その権利を取得する。

①取得時効の要件を満たした占有

a）長期取得時効

　長期取得時効の対象となる占有の要件は条文を整理すると次の ⅰ ～ⅲ の
ように整理できそうですが、（c）の通り、ⅲ は要件とはなりません。

> **（所有権の取得時効）**
>
> 民法第162条　20年間、<u>ⅰ 所有の意思</u>をもって、<u>ⅱ 平穏に、かつ、公然と</u>
> <u>ⅲ 他人の物</u>を占有した者は、その所有権を取得する。

（a）　ⅰ 所有の意思

　「所有の意思」（自主占有）の有無は、「占有者の内心の意思によってで
はなく、占有取得の原因である権原又は占有に関する事情により外形的客
観的に定められるべきものである」というのが現在の判例[8]理論になりま
す。

　つまり、どれだけ自分の所有物であると信じていようが、賃貸借契約に
より借りている不動産は、占有取得の原因である権限により、自主占有と
は評価できません。一方で、例えば、ダイヤモンドを盗んできたという
ケースでれば、占有に関する事情により外形的客観的事情から判断する
と、所有者を排除して自己の所有物として扱う意思のある占有と評価でき
るでしょうから、「自主占有」と評価されることになります。

（b）　ⅱ 平穏かつ公然

　「平穏」とは、占有を取得または保持するために法律上許されない「強
暴」な行為をしないことをいうとされています。単に不法の占有であると
いうのみでは、「強暴」とはいえず、「平穏」の要件は満たされます[9]。

　「公然」とは、占有を取得または保持するために、これを「隠匿」する

---

[8]　最判平成7年12月15日民集49巻10号3088頁
[9]　最判昭和41年4月15日民集20巻4号676頁

行為をしないことをいうとされています。つまり、秘密にして他人の目に触れないようにしないことが必要である[10]されています。

なお、下記（d）の通り、平穏かつ公然となされた占有であることは、推定を受けることもあり、実務上はあまり問題とはなりません。

（c）ⅲ他人の物

法文上は、所有権の取得時効の対象は、「他人の物」とされています。しかし、時効制度の永続した事実状態の尊重などの観点から自己の物であっても、取得時効を主張できると解されています[11]。例えば、他人から不動産を引き渡すように請求された場合に、自己が真の所有者であることを立証して反論しても、長期間の占有から取得時効を利用して反論してもよいことになります。

つまり、「他人の物」であることは要件ではないと押さえていただければ問題ありません。

（d）要件と証明責任

長期取得時効の対象となる占有は、ⅰ所有の意思をもって、ⅱ平穏かつ公然となされたものである必要があることになります。

ただし、占有者は、民法186条1項により、このⅰ、ⅱの要件を満たしているものと推定されますので注意が必要です。

（占有の態様等に関する推定）
第186条　占有者は、所有の意思をもって、善意で、平穏に、かつ、公然と占有をするものと推定する。

2　……省略……

---

[10] 我妻榮ほか「我妻・有泉コンメンタール民法　総則・物権・債権」第5版316頁
[11] 最判昭和42年7月21日民集21巻6号1643頁

したがって、時効の成立を争う者（本来の所有者など）が所有の意思がない占有であること（賃貸借契約による占有であるなどの他主占有事情など）や強暴や隠避による占有であることを証明しなければならないことになります。

b）短期取得時効

　短期取得時効の対象となる占有の要件は条文を整理すると次のⅰ～ⅴとなりそうですが、長期取得時効と同様に「ⅲ」は除かれます。なお、「ⅰ所有の意思及びⅱ平穏かつ公然」については、長期取得時効と同様です。

（所有権の取得時効）

第162条　……省略……

2　10年間、ⅰ所有の意思をもって、ⅱ平穏に、かつ、公然とⅲ他人の物を占有した者は、その占有の開始の時に、ⅳ善意であり、かつ、ⅴ過失がなかったときは、その所有権を取得する。

　したがって、長期（20年）取得時効または短期（10年）取得時効の適用があるか否かは、その占有がⅳ善意・ⅴ無過失であったかにより区別されることになります。なお、占有開始の時点での認識を前提としますので、占有開始後に他の者が所有者であると知った（悪意となった）としても、関係ありません。

（a）ⅳ善意

　「善意」とは、一般的な法律用語としては、「知らないこと」を指します。一般的な用語からは自己の所有物ではないことを知らないことということになります。

　しかし、その対象と程度について、判例は各条項ごとに異なる解釈をしていますので注意が必要です。

　短期取得時効においても、単に知らないことでは足りず、<u>自己の所有物</u>

であると信じることをいうと解釈されています[12]。

　なお、この「善意」については、ⅰ、ⅱの要件と同様に、占有者であれば、民法186条第1項による推定を受けることになります。ですので、取得時効の成立を争う者（本来の所有者など）が、自己の所有物であると信じていなかったことについて、証明する必要があります。

（b）ⅴ無過失

　「無過失」とは、善意（自己の所有物であると信じたこと）について過失がなかったことをいうことになります。この「無過失」については、「善意」と異なり、推定を受けるわけではありません。

②　20年（長期）または10年（短期）の経過

a）起算点

　取得時効における起算点は、占有を開始した時となります。そして、この起算点が含まれる日が、時効の効果が遡る起算日となります。なお、この起算日（起算点）と期間計算のルール（初日不算入など）は、消滅時効と同様です。つまり、期間計算は、原則として起算点の翌日からということになります（24ページ Question 1参照）。

b）期間継続の立証

　長期取得時効では占有開始から20年、短期取得時効では占有開始から10年の経過が必要となります。ただし、この占有の継続についても民法186条2項により推定を受けます。

（占有の態様等に関する推定）

民法第186条　……省略……

2　前後の両時点において占有をした証拠があるときは、占有は、その間継続したものと推定する。

---

[12]　大判大正8年10月13日民録25輯1863頁

つまり、取得時効を主張する者としては、占有開始時と時効期間経過時の占有を主張・証明すれば足り、その間、占有が途切れたことがあったということであれば、取得時効を争う者（本来の所有者など）が途切れたことについて、主張・証明する必要があります。

Question 1　時効の起算点（起算日）と時効「期間の計算」

関与先X社は、Y社に対して100万円の売掛債権を有しています。この債権は、2017年4月30日の午後に納品が終了し、その時点から行使できる状態となっています。この場合、具体的にはいつ時効期間が経過したと考えるのでしょうか。

Answer

時効の効力が遡る起算日は、権利行使が可能となった時（起算点）を含む2017年4月30日です。しかし、時効期間の計算は、2017年5月1日から計算することになりますので、時効期間が経過したといえる日時は、2019年4月30日の終了時点（5月1日午前0時）となります。

● 解　説 ●

〈時効期間の計算図〉

(1) 起算日（起算点）

まず、時効による債権消滅の効力が生じた場合、その効力は「起算日」まで遡ることになります（民法144条）。これは、時効制度の趣旨を実現するため、時効期間中の利息なども合わせてなかったこととするためです。

そして、この「起算日」は、起算点を含む日と解されています。本事例では、2017年4月30日から権利を行使することが可能であった（起算点）ということですので、2017年4月30日から債権は存在しなかったこととなります。

(2) 時効期間の計算

① 期間計算の始期

　一方で、この時効の効力が遡る「起算日」と時効期間の計算は分けて考える必要があります。民法には期間の計算についての定めがあります（民法139条以下）。期間の計算とは、3年など始期から終期までの一定の幅がある期間が定められた場合の計算方法です。

　その期間が午前0時から始まるときを除き、期間を定めたときは、期間の初日は算入しないものとされます（初日不算入の原則・民法140条）。

　つまり、本事例では、2017年4月30日の午後が起算点となっていますが、初日は算入しないため、2017年5月1日から計算を開始することになります。なお、時効期間は、2020年4月1日より前に生じた債権ですので、旧民法の適用により売掛債権2年となります（旧民法173条1号：9ページ参照）。

　仮に、2020年4月1日以降の契約によるものである場合には、新民法の適用があります。その場合には、納品があった時点で「権利を行使することができることを知った時」と評価できますので、この時点を起算点として、その翌日から5年の時効期間を計算することになります（12ページ参照）。

② 期間計算の満期

　期間の満期（満了）は、その末日の終了をもって計算するものとされています（民法141条）。

　したがって、本事例で、時効期間が経過したといえる時点は、2019年4月30日の終了時点（5月1日午前0時）となります。

Question 2　弁済期の定めのない貸付金債権の消滅時効の起算点

　個人 X は、個人 Y に対して300万円貸し付けています。この消費貸借契約は、友人間でなされたもので、特に弁済期などを定めていません。

　この場合、消滅時効の起算点はいつと考えるのでしょうか。

Answer

　原則として、消費貸借契約の成立の時（実際に金銭を貸し付けた時）が起算点となり、その翌日から時効期間を計算します。

◉ 解 説 ◉

(1) 問題の所在

　個人間や代表者から法人への貸付金などにおいては、契約書が作成されていないことや弁済期の定めがされていないものが実務上、散見されます。

　この場合、時効の起算点である「権利を行使することができる時」（旧民法）または「権利を行使することができると知った時」（新民法）とはいつと考えるべきかという問題があります。

　消費貸借契約において、返還の時期を定めなかった場合には、貸主は、相当の期間を定めて返還の催告ができる（民法591条1項）とされているため、①消費貸借の成立時（実際の金銭の貸付時）、②成立から相当の期間が経過した時、③催告の時、④催告をした後相当期間経過した時などが考えられます。

第1章
民事上の時効制度

(2) 判例の考え方

① 判例

　この点について、判例[13]は、(1)の①消費貸借の成立時を起算点となると解しています。

　相当の期間を定めての催告ができるとする民法591条1項は、催告を貸付金返還の絶対的必要条件とするのではなく、借主側が相当の期間の猶予を求めることを認めるものに過ぎないということを理由とするようです。

② 有力な学説

　一方で、契約成立時とすると、現実に債権者が権利を行使し得る期間が、相当な期間分短くなってしまうため、(1)の②契約成立時から相当の期間が経過した時を起算点とすべきという有力な学説[14]があり、それに従う下級審の裁判例も存在します。しかし、このように考えると「相当の期間」とはどの程度の期間なのかが明確になりません。

　なお、債権者が催告をしなければ、時効が起算されない(1)の③、④説は、権利の上に眠る者を保護しないという時効制度の趣旨に反するため、判例・学説とも支持されていません。

(3) 実務

　実務では、(1)の①消費貸借の成立時を起算点とする判例の立場を前提に債権管理をすることになるでしょう。

---

[13] 大判大正2年2月19日民録19輯87頁、大判昭和4年9月25日法律新法200輯13頁
[14] 我妻榮ほか「我妻・有泉コンメンタール民法　総則・物権・債権」第3版324頁

Question 3　借入金の時効期間の起算点と期限の利益喪失約款

　　関与先 X 社には、金融機関から借入金があります。この場合、時効期間の起算点は、どの時点になるのでしょうか。また、X 社は、この借入金の月々の返済を半年ほど怠っているのですが、時効期間の起算点に影響を及ぼすでしょうか。

Answer

　　借入金の場合、通常、時効期間の起算点は、各分割返済期日が起算点となり、その翌日が時効期間の始期となります。一方、返済を半年ほど怠っているということですので、期限利益喪失約款の適用があると考えられます。期限の利益喪失約款の内容（当然喪失か請求喪失か）によって、起算点が異なってきます。

◉　解　説　◉

（1）借入金の消滅時効の起算点と時効期間の計算

①　借入金の消滅時効の起算日と起算点

　　金融機関からの借入金の場合、月額の返済金額ごとに返済期日が決められているものと思われます。そうすると、法律上の障害がなくなり、現実に権利行使が期待できるのは、各月の返済金額ごとに各月の返済期日からということになりますので、返済期日が起算日になります。

②　時効期間の計算

　　一方で、時効期間の計算における時効期間の始期の特定として、起算点がいつなのかということが問題になります。つまり、返済期日の午前0時が起算点ということで、返済期日を算入して計算するのか、それとも、初日不算入として返済期日の翌日から計算するのか（期間計算のルールにつ

いては、24ページ Question 1参照）についてです。

a) 旧商法の適用がある場合

旧民法の適用がある場合において、本件のような会社の金融機関からの借入金については、旧商法520条の適用があります（商法の適用関係については34ページ Question 5参照）。

（取引時間）

旧商法第520条　法令又は慣習により商人の取引時間の定めがあるときは、その取引時間内に限り、債務の履行をし、又はその履行の請求をすることができる。

したがって、返済期日の0時ではなく、返済期日の取引時間の開始時が権利の行使ができる「起算点」ということになりますので、時効期間計算の始期は、初日不算入となり、返済期日の翌日ということになります。

b) 旧商法の適用がない場合

一方、仮に個人との消費貸借契約で、旧商法の適用がない場合には別途考慮が必要です（36ページ Question 6参照）。金銭消費貸借契約において、返済期日の定めについて、金融機関はいつから権利行使が可能という認識の合意なのかという契約解釈の問題になります。つまり、返済期日の午前0時なのか、返済期日の取引時間の開始時なのか、返済期日の取引時間の終了時なのか、それとも返済期日の24：00（返済期日の翌日の午前0時）なのかという問題です。

この点、判例[15]は、商法の規定と同様に取引時間の開始時と解していますので、実務上、同様に初日不算入と考えてよいでしょう。つまり、返済期日の翌日が時効計算の始期となります。

---

[15] 大判昭和6年6月9日法律新聞3292号14頁

c）新民法施行後

民法改正により、上記旧商法520条と同趣旨の規定が、民法484条2項に創設されました。したがって、新民法施行後も、同様に初日不算入、つまり返済期日の翌日が時効期間計算の始期となります。

（2）期限の利益喪失約款

ただし、X社は、金融機関から借入れを行い半年ほど返済を怠っているということですので、返済期限の利益を喪失している可能性があります。金融機関からの借入の場合には、消費貸借契約に、「期限の利益喪失約款」が定められていると思われるからです。この場合の時効期間の起算点は、期限の利益喪失約款が、「当然喪失型」か「請求喪失型」かで異なってきます。

①　当然喪失型

当然喪失型の利益の期限喪失約款は、X社が分割返済を怠った場合、金融機関が直ちに全額返済を請求できるという内容となっているものです。

旧民法の適用がある場合、金融機関は、X社が分割返済を怠った時点で当然に、貸付金全額をX社に請求ができることになりますから、返済を怠った時（喪失事由発生時）を起算点として、借入金「全額」について、時効が進行することになります[16]。また、新民法の適用がある場合においても、金融機関は、X社が返済を怠れば、期限の利益を当然に喪失する契約であることを認識している以上、返済を怠った時点で、権利を行使できることを「知った」と評価できるため、同様となるでしょう。

なお、時効期間の計算は、初日不算入により、返済を怠った時の翌日からということになります。

---

[16] 東京地判昭和62年3月26日金融・商事判例775号38頁

第1章
民事上の時効制度

② 請求喪失型

　請求喪失型の利益の期限喪失約款は、X社が分割返済を怠った場合、金融機関が期限の利益を喪失させる意思表示をした場合に初めて、期限の利益が喪失し、全額の返済を請求できるという内容となっているものです。

　この請求喪失型の利益の期限喪失約款がある場合の時効の起算点については、学説上争いがありますが、判例[17]は約款の内容に忠実に、金融機関（債権者）が、X社に対して、期限の利益を喪失させる意思表示をした場合に限り、その時が借入金「全額」の時効期間の起算点となるとしています。また、新民法が適用される場合にも、同様に解されるものと考えられます。

　つまり、金融機関からX社に対して、借入金全額について期限の利益を喪失させる意思表示がない場合には、**(1)** と変わらないということになります。一方、意思表示がある場合には、意思表示の時が借入金「全額」の時効期間の起算点となります。なお、この場合、時効期間の計算の始期は、意思表示の翌日となります。

---

[17] 最判昭和42年6月23日民集21巻6号1492頁

Question 4　旧民法における職業別短期消滅時効と労働基準法の適用関係

　関与先 X 社には、元従業員への給与などの未払金が存在します。この未払金ですが、「使用人の給料にかかる債権」として1年の時効期間となる（旧民法174条1号）のか、それとも労働基準法に規定する「賃金」として2年の時効期間（労働基準法115条）となるのかいずれでしょうか。

Answer

　労働基準法115条が優先適用され、2年が時効期間となります。

◉ 解 説 ◉

（1）一般法と特別法の適用関係

　民法の時効期間と労働基準法の時効期間の関係は、前者が一般法、後者が特別法の関係となります。

　「一般法」とは、「ある法領域の原則となる一般的な定めをした法律」のことをいいます。民事の債権・債務についての一般法は、民法です。

　一方、「特別法」とは、「一般法」のある法領域の規定を特別に修正した「特例」を定めた法律となります。

　そして、一般法が定めた領域について、他の法律（特別法）で異なる定めをおいた場合には、一般法を敢えて修正する趣旨で他の法律が定められたという立法事実から、法律の世界では、特別法は、一般法に優先するとされます。

第1章
民事上の時効制度

〈一般法と特別法の適用関係〉

私人間の法律関係
（一般法：民法）

使用者と労働者間の法律関係
（特別法：労働基準法）

(2) 本件の適用関係

　民法の時効の定めと労働基準法の時効の定めは、どちらも使用者と労働者の債権債務の時効という同一「法領域」についてのものであり、後者が前者の「特別法」といえる関係にあります。

　したがって、X社と元従業員への給与などの未払金の取り扱いについては、労働基準法が優先適用されるため、「賃金」として2年の時効期間（労働基準法115条）ということになります。なお、新民法が適用される場合も労働基準法の規定の改正はないため、同様に労働基準法が優先適用されます。

　労働基準法の改正の動きについては、16ページの注釈を参照してください。

Question 5　旧民法における職業別短期消滅時効と商事債権の特則の適用関係

　関与先 X 社は、Y 社に対して売掛債権を有しています。この売掛債権ですが、「商行為によって生じた債権」として5年の時効期間となる（旧商法522条）のか、それとも「商品の代価に係る債権」として2年の時効期間となる（旧民法173条1号）のか、いずれでしょうか。

Answer

　旧民法の規定が適用され、「商品の代価に係る債権」として2年の時効期間（旧民法173条1号）となります。

◉ 解 説 ◉

(1) 一般法と特別法の適用関係

　民法と旧商法における時効の定めについても、民法と労働基準法における時効の定め同様に一般法と特別法の関係にあります（33ページ）。

　そうすると、特別法である商法が適用され、商事債権5年の時効期間となるようにも思えます。

（商事消滅時効）

第522条　商行為によって生じた債権は、この法律に別段の定めがある場合を除き、5年間行使しないときは、時効によって消滅する。ただし、他の法令に5年間より短い時効期間の定めがあるときは、その定めるところによる。

第1章
民事上の時効制度

しかし、商事消滅時効規定の場合には、但書により、その他の法令により短い時効期間の定めがあるときは、その定めに従うとされていますので、民法に、商法よりも短い時効期間の定めがある場合には、そちらに従うことになります。

(2) 本件の適用関係

旧民法173条1号の規定は、2年の時効期間を定めています。これは、商事債権の5年という時効期間よりも短い時効期間です。

したがって、旧商法522条但書により、旧民法173条1号の2年の時効期間とする規定が適用されます。なお、新民法の適用がある2020年4月1日以降に締結された契約では、旧商法522条及び旧民法173条の適用はなく、権利を行使できることを知った時から5年間の時効期間となります。

Question 6　旧民法における信用金庫からの借入金の時効期間

　Xは、信用金庫からの借入をしています。信用金庫からの借入債務は、商事債権として5年の時効期間（旧商法522条）とはならず、一般民事債権として10年が時効期間になる（旧民法167条）と信用金庫から主張されました。どうなのでしょうか。

Answer

　Xが「商人」であるときは、商事債権として5年、商人でないときは、一般民事債権として10年が時効期間となります。

◉　解　説　◉

(1)　商行為にあたるのか

　旧商法522条は、「商行為によって生じた債権」については、5年の時効期間となる旨定めています。今回のXの借入（消費貸借契約）が、「商行為」に該当するかによって、適用の有無が異なります。商法522条の適用がなければ、金銭の借入の場合、一般民事債権として10年の時効期間となります。

　商行為には、絶対的商行為（商法501条）、営業的商行為（商法502条）及び附属的商行為（商法503条）の3つがあります。

（絶対的商行為）

第501条　次に掲げる行為は、商行為とする。

一　利益を得て譲渡する意思をもってする動産、不動産若しくは有価証券の有償取得又はその取得したものの譲渡を目的とする行為

二　他人から取得する動産又は有価証券の供給契約及びその履行のために

第1章
民事上の時効制度

する有償取得を目的とする行為

三　取引所においてする取引

四　手形その他の商業証券に関する行為

（営業的商行為）

第502条　次に掲げる行為は、営業としてするときは、商行為とする。ただし、専ら賃金を得る目的で物を製造し、又は労務に従事する者の行為は、この限りでない。

一　賃貸する意思をもってする動産若しくは不動産の有償取得若しくは賃借又はその取得し若しくは賃借したものの賃貸を目的とする行為

二　他人のためにする製造又は加工に関する行為

三　電気又はガスの供給に関する行為

四　運送に関する行為

五　作業又は労務の請負

六　出版、印刷又は撮影に関する行為

七　客の来集を目的とする場屋における取引

八　両替その他の銀行取引

九　保険

十　寄託の引受け

十一　仲立ち又は取次ぎに関する行為

十二　商行為の代理の引受け

十三　信託の引受け

（附属的商行為）

第503条　商人がその営業のためにする行為は、商行為とする。

2　商人の行為は、その営業のためにするものと推定する。

(2) 営業的商行為（商法502条8号）に当たるか

　信用金庫は、預金または定期積金の受入れや会員に対する資金の貸付を行います（信用金庫法53条参照）。商法502条8号の「銀行取引」は、金銭または有価証券の転換を媒介する行為をさし、資金を取得する受信業務とこれを貸し付ける与信業務の両者が必要とされているところ、信用金庫は、預金の受入れと資金の貸付けの両方を行っていますので、信用金庫からの借入（消費貸借契約）は、「銀行取引」として行われたものと評価できます。

　しかし、営業的商行為といえるには、銀行取引が「営業として」の行為である必要があります。

　この「営業として」とは、営利の目的で、反復継続してすることと解されています。そして、争いはありますが、信用金庫は、会員に対する奉仕により、会員の経済的地位向上を目的するものであるから、営業の目的によるものとは評価できないという見解が学説の多数を占めます。また、判例上[18]も「信用金庫の行う業務は営利を目的とするものではないというべきであるから、信用金庫は商法上の商人には当たらないと解するのが相当である」と判断したものがあります。

　したがって、信用金庫が商人であるという理由により商事債権であるとはいえないことになります。

(3) X（借主）が商人の場合

　しかし、X（借主）が「商人」にあたり、Xの借入が事業資金のためなど「営業のためにする行為」（附属的商行為）に該当する場合には、当事者の一方のために商行為も両者にとって商行為に該当することとなる（商法3条第1項）ため、貸付金債権（借入金債務）も商事債権となり、時効期間

---

[18] 最判昭和63年10月18日民集42巻8号575頁

は5年となります。

> 商法第4条　この法律において「商人」とは、自己の名をもって商行為を
> することを業とする者をいう。

　例えば、Xが会社である場合には、その借入は「商行為」となり（会社法5条）、会社は「商人」となり（商法4条）ますし、個人事業主も「商人」に該当します（商法503条）。

(4) まとめ

　以上から、信用金庫の貸付金債権（Xの借入金債務）は、Xが会社または個人事業主などの商人で事業資金としてのものであれば、商事債権として5年の時効期間となる一方、商人でない（商人としての行為でない）場合には、一般民事債権として10年の時効期間となります。なお、新民法施行後に締結された契約では、一律に権利を行使できることを知った時から5年間の時効期間となります。

Question 7　新民法における主観的起算点と客観的起算点がズレた場合の適用関係

　　民法改正により、債権の消滅時効については、債権者が権利を行使することができることを知った時から5年間（主観的起算点）と権利を行使することができる時から10年（客観的起算点）となると聞きました。それでは、権利を行使できる時から9年経過後に、債権者が権利行使することができることを知った時は、客観的起算点により、あと1年で時効期間が経過したことになるのか、それとも主観的起算点の問題として、あと5年で時効期間が経過したことになるのか教えてください。

Answer

　　客観的起算点により、あと1年で時効期間が経過したと考えます。

◉ 解　説 ◉

(1) 二元的構成となる趣旨

　　新民法では、主観的起算点から5年間、客観的起算点から10年間という二元的な構成となります。主観的な起算点のみの構成ですと、「知った」と評価できず、特定の債権について永久に消滅時効が成立しないという事態が想定されます。この事態は、永続した事実状態の尊重という時効制度の趣旨に反することとなるからです。

　　しかし、ご質問のようなケースでは、主観的起算点の時効は進行することになるため、どのように考えるべきかは論理的には疑義が残ります。

第1章
民事上の時効制度

（2） 客観的起算点と主観的起算点同時進行の起算点

　まず、主観的起算点を優先し、9年目からさらに5年が時効期間となるという考え方があります。これは、債権者が知らなければ、時効の完成猶予・更新措置を講じることができないという点を重視した考え方といえるでしょう。

　しかし、主観的起算点（「知った」か否か）については、債権者に主観による事情であって、債務者が容易に知ることができる事情ではありません。

　そうであるにも関わらず、法的には、長期とされた客観的起算点から10年が経過しても時効が完成しないとすると、債務者にとって不意打ちとなりますし、取引関係書類なども時効になるまで保存しておくというような対応も行えなくなってしまいます。客観的起算点を定めたことは、（完成猶予や更新事由なく）10年が経過すれば、時効が完成し、事実状態が尊重されると考えるのが法の趣旨にのっとった解釈であると考えられるでしょう。仮に10年以上の時効期間となることを許容するのであれば、最長を15年などとする別途の立法的対処が必要であると考えます。

（3） 結論

　したがって、権利を行使できる時（客観的起算点）から10年、つまり残り1年で時効期間の経過があると考えられます。

Question 8　占有を引き継いだ者の取得時効の計算

　Aは、自己の土地（甲土地）と甲土地と隣接する登記簿上も他人（Y）の所有物となっている土地（乙土地）にまたがって、1つの建物を建設し、1995年4月1日からその建物を所有していました。その後、AはXに対して、2008年4月1日に土地も併せて、建物を譲渡しました。その後、2018年5月1日にYの相続人から乙土地上の建物を解体し、乙土地を明け渡すように請求されました。

　この場合、Xが乙土地の時効取得するための期間は、Xが土地を取得した2008年4月1日を起算点とすることになるでしょうか。

Answer

　Xは、Aの占有開始を起算点（1995年4月1日）として主張することも、Xの占有開始を起算点（2008年4月1日）として主張することも可能です。本件では、Aの占有開始を起算点として主張することが適切でしょう。

● 解　説 ●

(1) 前主の占有と自己の占有の関係

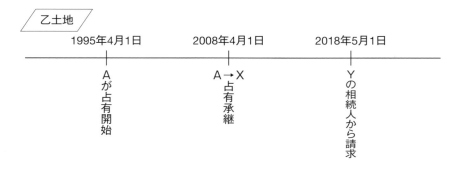

A及びXは、乙土地上に建物を所有することで、乙土地の占有をしていたことになります。Xが乙土地の取得時効の要件を検討する場合、前主であるAの占有（1995年4月1日開始）と自己の占有（2008年4月1日開始）を併せて考えるのか、それとも自己の占有のみで判断するのかという問題があります。

> **（占有の承継）**
> 民法第187条　占有者の承継人は、その選択に従い、自己の占有のみを主張し、又は自己の占有に前の占有者の占有を併せて主張することができる。
> 2　前の占有者の占有を併せて主張する場合には、その瑕疵をも承継する。

この規定により、「占有者の承継人」であるXは、Aの占有を併せて主張することも、Xの占有を単独で主張することもできることになります。

(2) 主観的事情の承継

ただし、前主の占有を併せて主張する場合には、「その瑕疵をも承継する」（同条2項）とされており、その趣旨から、占有開始時点における前主の認識（善意か無過失か）を併せて承継するものと解されています[19]。

Xとしては、Aの占有を併せて主張するのであれば、Aの占有開始時における主観的事情を前提に時効期間を主張することになりますし、Xの占有を単独で主張するのであれば、Xの占有開始時における主観的事情を前提に時効期間を主張することになります。

つまり、Xが善意無過失であったとしても、Aが悪意または有過失であれば、Aの占有開始時から10年の時効主張はできません。一方で、Xが悪意または有過失であったとしても、Aが占有開始時に善意無過失で

---

[19] 最判昭和53年3月6日民集32巻2号135頁

あったならば、Aの占有開始から10年の時効主張が可能です。つまり、事案によって、有利不利な主張が異なってくるということです。

（3）Xの本件における適切な主張

本件において、Xの占有開始から20年という主張は明渡請求をされた時期からすると難しいでしょう。したがって、Xとしての時効主張の選択肢としては、①Aの占有開始から10年、②Xの占有開始から10年、及び③Aの占有開始から20年という選択肢があります。

①　Aの占有開始から10年の主張

この主張をするためには、Aの占有開始時点（1995年4月1日）にAが善意無過失である必要があります。乙土地は、Aの占有開始時点で、Yの所有物として登記されていたということですので、Aが乙土地を自己の所有であると信じたことについて無過失であったとは評価できない可能性が高いでしょう。したがって、この主張は本件では難しいでしょう。

②　Xの占有開始から10年の主張

この主張をするためには、Xの占有開始時点（2008年4月1日）の売買の際に、Xが善意無過失であったことが必要になります。

しかし、土地と建物の売買にあたり、乙土地所有者が登記簿上Yになっているということには、不動産売買という大きな取引であることからしても、確認すべきであったといえるでしょう。したがって、Xが無過失であったとの主張も厳しいものがあります。

③　Aの占有開始から20年の主張

こちらは20年を時効期間とする主張ですので、Aが占有開始時点（1995年4月1日）に、善意無過失であった必要はありません。

そして、占有開始時点からすると、20年の期間の経過は明らかですから、Xとしては、Aの占有を併せて、20年の時効取得の主張を選択すべきです。

4. 〈要件2〉時効の更新(中断)・完成猶予(停止)事由がないこと

　時効は、単に時効期間が経過さえすれば完成するものではなく、一定の事由が生じた場合、その時点まで進行していた期間の効力を失わせ、再度0から時効期間の進行を開始させる更新（旧民法：中断）事由や進行していた期間はそのままであるが、時効の完成を一定期間猶予する完成猶予（旧民法：停止）事由というものが存在します。

　これらは、時効の趣旨（2ページ）からして、期間の経過のみで時効が完成するとするのではなく、権利者が権利を実現する意思を一定の手続きにより外部的に表明している場合などであれば、時効を認める必要がないことなどに起因するものです。

〈時効の更新（中断）と完成猶予（停止）〉

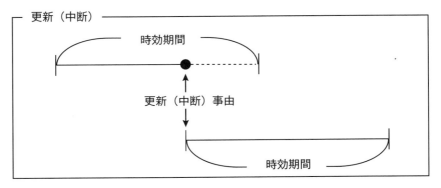

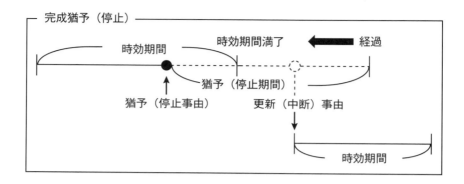

　旧民法では、この更新を「中断」、完成猶予を「停止」としていましたが、新民法で、「更新」と「完成猶予」という表現に改められました。直感的に新民法の方がわかりやすい表現となります。なお、旧民法で中断事由とされていたものが、新民法では、完成猶予事由として整理されたものもありますので、時的な適用関係についても注意が必要です。

(1) 旧民法と新民法の時効の更新・完成猶予の適用関係

> **民法附則**
>
> 第10条　……省略……
>
> 2　施行日前に旧法第147条に規定する時効の中断の事由又は旧法158条から第161条までに規定する時効の停止の事由が生じた場合におけるこれらの事由の効力については、なお従前の例による。
>
> 3　新法第151条の規定は、施行日前に権利についての協議を行う旨の合意が書面でされた場合（その合意の内容を記録した電磁的記録（新法第151条第四項に規定する電磁的記録をいう。附則第33条第2項において同じ。）によってされた場合を含む。）におけるその合意については、適用しない。
>
> 4　……省略……

時効の更新（旧民法：中断）・完成猶予（旧民法：停止）についての旧民法と新民法の適用関係については、上記の民法附則10条2項、3項に定めがあります。こちらは時効期間の改正とは異なり、契約行為などの原因行為が施行日前後かに関わらず、施行日（2020年4月1日）以降に生じた事由か否かにより、適用関係を判断することになります。

〈時効の更新（中断）・完成猶予（停止）事由の新旧民法適用関係〉

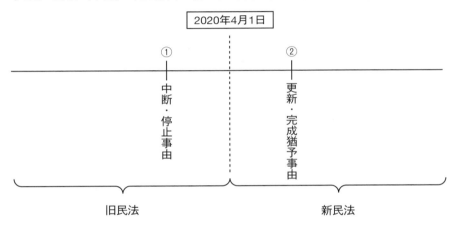

(2) 旧民法の時効の中断と停止

① 中断事由
a) 請求（旧民法147条1号）

「請求」とは、裁判上の請求（旧民法149条）のほか、裁判外の請求として、支払督促（旧民法150条）、和解・調停の申立て（旧民法151条）、破産・再生・更生手続参加（旧民法152条）、催告（旧民法153条）があります。なお、「催告」については、それだけでは確定的な時効中断の効果が生じませんので注意が必要です。

(a) 裁判上の請求（旧民法149条）

裁判上の請求とは、民事訴訟における訴えの提起のことをいいます。

給付の訴えの提起（金銭を支払えという裁判等）がイメージしやすいかと思います。その他、確認の訴え、反訴、債務者側からの債務不存在確認訴訟に対する債権者の応訴も、裁判上の請求に該当すると解されます。

裁判上の請求の時効の中断の効果は、訴状を裁判所に提出した時点で発生します。ただし、裁判上の請求は、訴えの却下または取下げがあった場合には、中断の効力は生じなかったものとして扱われます（旧民法149条）。

裁判上の請求によって中断された場合の時効期間は、裁判が確定した時から、新たに進行をすることになります（旧民法157条2項）。

(b) 支払督促（旧民法150条）

支払督促とは、金銭その他の代替物または有価証券の一定の数量の給付を目的とする請求について、債権者の申立てにより、裁判所書記官により発せられるものです（民事訴訟法382条）。ただし、債権者が仮執行の宣言の申立ができる時から30日以内に申立をしないときは、支払督促の効力は失われます（民事訴訟法392条）。その場合、時効中断の効果も生じない（旧民法150条）ものとされています。

(c) 和解・調停の申立て（旧民法151条）

和解の申立てとは、裁判所に対する訴え提起前の和解の申立てをいいます（民事訴訟法275条）。調停の申立てとは、裁判所に対する民事調停または家事調停の申立てのことです。ただし、この和解および調停の申立ては、相手方が裁判所に出頭しない場合や和解または調停が整わない場合には、1ヶ月以内に訴えを提起しなければ、時効中断の効果は生じません（旧民法151条）。

(d) 破産・再生・更生手続参加（旧民法152条）

破産手続参加等とは、破産手続参加・再生手続参加又は更正手続参加のことであり、債務者の破産手続・再生手続・更正手続において、債権者が

それぞれ破産債権の届出・再生債権の届出・更正債権の届出を行うことになります。つまり、法的整理手続において、裁判所又は裁判所の管理下にある機関（破産管財人等）に対して、債権の存在を示す行為となりますので、中断事由とされています。

　ただし、債権者が届出を取り下げたり、届出が却下されたりした場合には、時効中断の効果は生じません（旧民法152条）。

(e) 催告（旧民法153条）

　催告とは、権利者が義務者に対して義務の履行を求める意思の通知のことです。債権者が債務者に対して債務の履行の請求（お金を返せ等）を行うことはイメージしやすいと思います。方式は特に決まっておらず、口頭で行ったとしても催告になります。ただし、将来争いになった場合に催告を行ったことを証明できる必要があるため、債務の履行を求める書面を配達証明付きの内容証明郵便で送付することが一般的です。なお、催告は、意思の通知が相手方に到達した時点で効果が生じます。

　しかし、催告だけでは確定的な時効中断の効果を生じさせるものではありません。時効中断の効果が生じるためには、催告の後、6ヶ月以内に裁判上の請求、支払督促の申立、民事調停法もしくは家事事件手続法による調停の申立て、破産手続参加、再生手続参加、更正手続参加、差押え、仮差押えまたは仮処分というその他の時効中断措置を講じる必要があります（旧民法153条）。

　このように催告は、暫定的な効果しか有していないので、実質的には停止事由として整理されることもあります。つまりは、6ヶ月以内に他の中断措置を講じれば、本来の時効期間経過後も中断の効果が認められますが、催告のみでその他の措置がなければ、本来の時効期間経過時に時効が完成することになります。

b）差押え、仮差押え及び仮処分（旧民法147条2号）

　差押えとは、民事執行法で定められた強制執行手続の中で、執行機関が

債務者の財産の処分を禁止し、その財産を確保する行為をいいます（民事執行法45条等）。

　仮差押えと仮処分は、将来の強制執行手続きを待っていたのでは、権利が実現できなくなるおそれなどがある場合に、その権利を保全するために、債務者などの財産について、その処分を暫定的に禁じる措置などを行う手続きをいいます。ただし、差押え、仮差押えまたは仮処分が、権利者の請求によりまたは法律の規定に従わないことにより取り消されたときは、時効の中断の効力は生じません（旧民法154条）。

c）承認（旧民法147条3号）

（a）消滅時効における承認

　消滅時効における「承認」とは、時効の利益を受ける当事者（債務者等）が、権利者（債権者等）に対して、その権利（債権等）が存在することを知っていることを表示すること（いわゆる「観念の通知」）をいいます。このように債務を承認した債務者に対して、時効の利益を認める意味はないからです。したがって、債務の承認があった時点で時効期間がリセットされ、再度、時効期間が進行されることになります。

　書面で行う必要があるなどの形式的な方式については、特に制限があるわけではありません。権利が存在することの認識を示す行為は「承認」となります。例えば、債務者から債権者に対する利息の支払は元本の承認となりますし、債務の一部弁済は残債務についての承認となります。

（b）取得時効における承認

　取得時効における「承認」とは、時効により権利を失う者が、権利を取得する者（時効取得者）に対して、自分の権利の確認を求めて、これを認めさせることをいいます。

　なお、この承認があれば、時効取得者は、時効の要件として必要な「自己の意思」（19ページ参照）を失うことになるため、新たに取得時効の進行を開始するためには、占有の性質の変更（民法185条）をする必要があ

ります。

②　停止事由

　時効完成の間際になって権利者が中断措置をとることが困難である場合に、一定の期間、時効の完成を猶予するものです。

　時効の中断が時効期間の進行を0に戻すものであるのに対して、時効の停止は当該事由の終了後、一定期間（停止期間）が経過するまで時効の完成を猶予するものにすぎません。停止期間が経過するまでに他の中断措置がなされなければ、時効は完成することになります。つまり、停止事由の発生によって時効の進行が停止し、停止事由の終了によって停止した時点から進行が再開するというものではありませんので、注意が必要です※。

　※税務上の「時効期間の進行停止」とは異なります（125ページ参照）。

a）未成年者又は成年被後見人と時効の停止（旧民法158条）
（a）未成年者または成年被後見人に法定代理人がいない場合（同条1項）

　時効期間の満了前6ヶ月以内の時点で、未成年者または成年被後見人に法定代理人がいない場合、未成年者または成年被後見人が行為能力者となった時または法定代理人が就任した時から6ヶ月を経過するまでの間（猶予期間）は、未成年者・成年被後見人に対して時効は完成しないこととしています。

　未成年者および成年被後見人は、単独で時効の中断措置をとることができないため、猶予期間が定められ、中断措置を講じる機会を保障しているのです。なお、この停止は、未成年者や成年被後見人に不利益となるものに限られ、例えば、これらの者が時効により財産を取得したり、債務が消滅するというような利益になるようなケースでは、適用されません。

4.〈要件2〉
時効の更新（中断）・完成猶予（停止）事由がないこと

(b) 未成年者または成年被後見人が法定代理人に対して権利を有する場合（同条2項）

　未成年者または成年被後見人がその財産の管理などをする法定代理人に対して権利を有するケースにおいては、未成年者または成年被後見人が行為能力者となった時または後任の法定代理人の就任から6ヶ月を経過するまでの間（停止期間）は、その権利について時効（消滅時効）は完成しません。

　法定代理人が自らに不利益となる時効の中断措置をとることを期待することは困難だと考えられることから、未成年者や成年被後見人に中断措置の機会を与えるためのものです。

b）夫婦間の権利の時効の停止（旧民法159条）

　夫婦の一方が他方に対して有する権利については、婚姻の解消の時から6ヶ月を経過するまでの間は、時効は完成しません。夫婦である間に中断措置をすることを期待することができないということが理由です。

c）相続財産に関する時効の停止（旧民法160条）

　相続財産については、相続人が確定した時、相続財産管理人が選任された時または破産手続開始の決定があった時から6ヶ月を経過するまでは、時効は完成しません。

　相続財産を管理する者がいなければ、相続財産に属する権利について時効の中断措置をとることができませんし、相続財産に対して権利を有する者も中断措置の相手がいないということになるからです。

d）天災等による時効の停止（旧民法161条）

　時効の期間の満了の時にあたり、天災その他避けることのできない事変のために時効を中断措置ができない場合には、その障害が消滅した時から2週間（停止期間）を経過するまでの間は、時効は完成しません。

　なお、「避けることのできない事変」とは、豪雪、洪水、戦乱などによる交通閉塞や裁判所の休止などを指し、当事者の疾病や不在などの個人的

な事情を含むものではありません。

（3）新民法における時効の完成猶予と更新

　民法改正により、時効の中断と停止の表現が、時効の更新事由と完成猶予事由に変更となります。また、従来の中断事由が完成猶予と更新事由に整理され、従来の中断事由のうち、更新事由とならないものや新たな完成猶予事由の追加や変更が行われます。以下では、従来の中断・停止事由との比較などから、民法改正後の完成猶予事由と更新事由を整理していきます。

① 　旧民法の「請求」にあたるもの（新民法147条）
a）裁判上の請求（新民法147条1項1号）
b）支払督促（新民法147条1項2号）
c）和解・調停の申立て（新民法147条1項3号）
d）破産・再生・更生手続参加（新民法147条1項4号）
　これらの事由の内容は、47ページをご参照ください。こちらは従来中断事由とされていたものです。

　民法改正により、これらの事由のみでは、完成猶予事由とされることになりました（新民法147条1項）。その後、確定判決または確定判決と同一の効力を有するもの（裁判上の和解等）により権利が確定した場合には、各事由が終了した時に時効が更新され、新たに時効期間の進行が始まることとなりました（新民法147条2項）。

　なお、確定判決などで権利が確定することなく、これらの事由が終了した場合には、終了から6ヶ月間は完成が猶予されることとされます（新民法147条1項柱書括弧書）。

4.〈要件2〉
時効の更新（中断）・完成猶予（停止）事由がないこと　　53

e）催告（新民法150条）

　旧民法では、中断事由（実質的な停止事由）とされていました（49ペー ジ参照）が、その効果から催告がなされた場合、催告が到達した時から 6ヶ月間は時効の完成が猶予されるという猶予事由として整理されまし た。内容は、旧民法と変更ありません。

②　差押えなどの強制執行（新民法148条）・仮差押え及び仮処分（新民法149条1号2号）

a）差押えなどの強制執行

　旧民法下では、差押えが中断事由として定められていました（49ページ 参照）。強制執行や担保権の実行のための差押え手続きが「差押え」に該 当することが明らかでしたが、差押えがなされない強制執行、競売手続き や民事執行法における財産開示手続きがなされた場合にどのように考える かについて争いがありました。

　しかし、これらの手続きであっても、権利者が権利を実現する意思を一 定の手続きにより外部的に表明している場合にあたりますので、時効の完 成猶予や更新を認めるべきとして、以下の事由が明文化されました。

（a）強制執行

（b）担保権の実行

（c）民事執行法195条に規定する担保権の実行としての競売の例による競売

（d）民事執行法196条に規定する財産開示手続

　「請求」と同様に、これらの事由が終了するまでの間、時効の完成が猶 予され、事由が終了した時に時効が更新され、新たに時効期間の進行が始 まることとなりました（新民法148条2項）。

　ただし、申当ての取下げまたは法律の規定に従わないことによる取消に よりその事由が終了した場合には、その終了した時から6ヶ月間、時効の 完成が猶予されることとなります。

b）仮差押え及び仮処分（新民法149条1号、2号）

　旧民法では中断事由とされていました（49ページ参照）が、仮差押え及び仮処分は、本来、将来のための暫定的な手続きに過ぎないことから、完成猶予事由として整理しなおされました。事由が終了した時から6ヶ月を経過するまでの間、時効の完成が猶予されることになります。

③　旧民法における停止事由

a）未成年者又は成年被後見人と時効の完成猶予（新民法158条）

　　・未成年者または成年被後見人に法定代理人がいない場合（同条1項）

　　・未成年者または成年被後見人が法定代理人に対して権利を有する場合（同条2項）

b）夫婦間の権利の時効の完成猶予（新民法159条）

c）相続財産に関する時効の完成猶予（新民法160条）

d）天災等による時効の完成猶予（新民法161条）

　これらの事由については、「停止」が「完成猶予」という表現に統一されました。a）からc）の事由については、実質的な改正はありませんので、旧法と同様に考えて問題ありません（51ページ参照）。

　一方で、「d）天災等による時効の完成猶予」については、旧民法ではその障害が消滅した時から2週間とされていた猶予期間が、3ヶ月とされました。これは、東日本大震災など大規模な災害などのケースでは、2週間で時効が完成するというのは債権者に酷であるという趣旨で改正されたものです。

④　協議を行う旨の合意による時効の完成猶予（新民法151条）

　民法の改正により、<u>新たに創設された完成猶予事由</u>になります。

　旧民法においては、当事者の協議によって時効が猶予される制度がないため、債権者と債務者で自発的に協議中であったとしても、時効の完成を

防ぐために裁判などの強制的な手段をとらざるを得ないというところがありました。

そこで、新民法では、新たに、権利（債権など）についての協議を行う旨の合意が<u>書面でなされたとき</u>は、時効の完成猶予を認めるという制度が創設されました。なお、合意が、その内容を記録した電磁的記録（メールなど）によってなされた場合でも、「書面」によるものとみなされます（新民法151条4項）。

a）猶予期間

猶予期間は、以下の3つの時期から最も早い時までとされます（新民法151条1項）。

（a）その合意があった時から1年を経過した時

（b）その合意において当事者が協議を行う期間（1年に満たないものに限る。）を定めたときは、その期間を経過した時

（c）当事者の一方から相手方に対して協議の続行を拒絶する旨の通知が書面でされたときは、その通知の時から6ヶ月を経過した時

b）再度の合意

協議する旨の合意による協議中に再度、協議する旨の合意をすることも可能とされています（新民法151条2項）。つまり、再度の合意から **a）** の猶予期間が認められるということです。例えば、合意から1年で協議がまとまらないということで、さらに1年の猶予をするということも可能となります。

ただし、本来の時効完成時から通じて5年を超えることができないとされています（同法同条同項但書）。5年も協議を続けても結論がでないようなケースでは当事者間での解決が見込めないため、それ以上完成猶予を認める必要はないからです。

c）「催告」との関係

時効の完成猶予の方法として、上記の通り「催告」が存在します。この

第1章
民事上の時効制度

催告と協議を行う旨の合意による完成猶予について、重複適用はないとしています（同法同条3項）。

つまり、催告により「時効の完成が猶予される間に」協議を行う旨の合意をしたとしても、完成猶予の効力を有しないとされ、逆に協議を行う旨の合意により「時効の完成が猶予される間に」催告がされたとしても完成猶予の効力を有しないとされています。

民法改正の過程でも、実務上、内容証明などで催告を行った上で、協議に移行するケースでは、創設の意味がないという反対意見もあったようです。それに対しては、「時効の完成が猶予されている間」というのは、本来の時効完成日後の時効の完成が猶予されている間をいうのであって、催告後であっても、本来の時効期間経過前であれば、協議を行う旨の合意による完成猶予は可能なものであるとして、不都合は小さいと説明されています。

d)「承認」との関係における注意点

協議を行う旨の合意は、あくまでも、債権などの権利の存否についての協議をするものです。

例えば、債権が存在することを前提とした支払時期を協議する合意などは、債務者の「承認」になってしまいますので、注意が必要です。

協議を行う旨の合意書の文言としては、「請求している債権の存否などを含めて、この債権について協議を開始する」とするなど、債務の承認にならないようにする工夫が必要となります。

e) 適用時期

他の完成猶予・更新事由と同様に、施行日（2020年4月1日）以降に生じた事由か否かにより、適用関係を判断することになります。時効期間と異なり、施行日前に債権が生じていたとしても、合意が施行日以降であれば、適用があることになります。

⑤ 承認（新民法152条）

　承認については、旧民法において、中断事由とされていました（50ページ参照）。新民法でも同様の効果を持つ更新事由となります。内容については、旧民法と異ならないと考えられます。

Question 9　一般的な債務の承認

関与先 X 社は、Y 社に対して100万円を貸付けました。この場合、どのようなケースで「承認」があったとされるのが一般的でしょうか。

Answer

　金銭債権のケースにおける債務の承認は、①元本の一部弁済、②利息の支払い、③弁済の猶予の嘆願などが一般的です。いずれの場合にも、証拠を残すということが重要となります。

◉ 解 説 ◉

(1) 債務の承認

　債務者から債務があることの「承認」があると、新旧民法のいずれの適用があっても、承認時点から時効が更新（旧民法：中断）されることになります（50、58ページ参照）。

　消滅時効における債務の「承認」とは、時効の利益を受ける当事者（債務者等）が、権利者（債権者等）に対して、その権利（債権等）が存在することを知っていることを表示することをいいます。

　金銭債務の承認については、①元本の一部弁済、②利息の支払い、③弁済の猶予の嘆願などが債務の承認となるケースが一般的です。

(2) ①～③の解説

① 元本の一部弁済

　まず、最もわかりやすいものとして、元本の一部弁済があります。例えば、Y 社が X 社に対して、借入金債務の100万円のうち一部である30万円を返済した場合です。この30万円の返済は、100万円の借入金債務を

4.〈要件2〉
時効の更新（中断）・完成猶予（停止）事由がないこと　59

知っている前提でなければ行われないものですので、債務者が債権者に対して、債権が存在することを知っていることを表示する行為と評価できます。したがって、債務の「承認」となります。

　X社としては、Y社からの振込履歴や現金の場合には一部返済証明書などにより、証拠を残すことになります。また、後日の紛争予防を前提とすると、この30万円の支払いがどういう意味を持った行為なのかという点が問題となり得ます。例えば、X社がY社に対して売掛債権などの別の債権も有している場合には、特に30万円は貸付金債権への弁済ではなく、時効は更新していないと主張されるおそれがあります。したがって、何についての支払いなのかが明確になるように証明書の作成や振込みがあればメールでの確認など証拠を残すことをお勧めします。Y社としても一部弁済当時には、むしろ証明書などをもらえた方が嬉しいという側面もありますので、問題なく証拠を残せるケースが多いでしょう。

②　利息の支払い

　貸付金債権などの場合には、利息の支払いがあった点を捉えて、債務承認があったと主張することもできます。利息の支払いも、元本の一部弁済と同様に、貸付金債権があることを前提に行われることですので、債務の承認と評価できます。

　ただし、利息の一部支払いの場合は、特に金額が少額になることもあり、何についての支払いなのか明確にならないケースもあります。したがって、X社としては、①元本の一部弁済と同様に、何についての支払いなのかという点を明確にする証拠を残しておくべきです。

③　弁済猶予の嘆願

　X社の請求に対して、Y社が支払いを待って欲しいなどの嘆願などがあった場合にも、この嘆願は、X社のY社に対する貸付金債権があることを前提としてなされるものですので、債務の「承認」に該当します。

　ただし、弁済猶予の嘆願は口頭でなされる場合も多く、後に承認があっ

たか否かについて争いとなりやすい部分です。X社として、時効の完成を防ぐということであれば、メールや手紙など証拠が残る形で嘆願をもらうことや弁済を猶予する条件として、覚書などを締結することで、債務の承認があったことの明確な証拠を残しておくことが重要です。

Question 10　債権者以外の第三者に対する債務承認

　　関与先 X 社は、Y 社に対して売掛債権を有しています。しかし、Y 社は、金銭の支払をしてくれず、連絡しても無視をされてしまいます。Y 社は、税務申告（に伴う決算書や内訳書）において未払金として計上しているものと思われますし、X 社の代表と仲の良い Z 社の社長には、Y 社の代表は支払いを怠っていること伝えていたそうです。

　　このような Y 社の行為をもって、「承認」とはならないのでしょうか。

Answer

　　第三者に対して、債務の存在の表明があったとしても、債務の「承認」として、更新（旧民法：中断）事由にはならないと考えられます。

◉ 解 説 ◉

(1) 第三者への承認の問題点

　　時効の更新事由である「承認」は、債務者が債務が存在することを知っていることを表明するものです。本ケースでは、債権者 X 社以外の第三者（税務署や Z 社）に対して、表明行為自体が存在するため、これが「承認」となるか否かについては、争いがあります。このような問題は、その他、自己破産申立てにおいて債務者が債権一覧表を作成する行為や銀行による利息の通帳記入、会社法上の貸借対照表の公示などでも生じる問題です。

　　このようなケースでは、債務者の債務の認識自体は客観的に表明されているが、このような認識が時効により不利益を受ける債権者に対してなされているわけではないため、時効の更新の効果を生じさせてよいかが問題となります。

(2) 判例

　判例[20]は、承認は、時効により権利を失う者（X社）に対して表示することが必要であるとしています。

　権利の上に眠る者は保護しないという時効制度の趣旨からすると、権利者に対して承認がなされたからこそ、権利者はその他の時効の完成猶予や更新措置を講じなかったとしてもやむを得ないと判断できると考えられるからです。

　なお、民法改正により、「財産開示」が更新事由になった（54ページ参照）ことから、解釈に変更があったとする見解[21]も一部存在するようです。今後の解釈に委ねられるとも考えられますが、あくまでも、「承認」の解釈の問題であり、「財産開示」が更新事由になったからといって、そのような解釈にはならないものと思われます。仮に、そのように解すると会社法の規定に従い貸借対照表の公示をした場合や税務署に行う適正な税務申告をした場合において、時効が更新することになり、株式会社などにおいて、法令を遵守すれば、常に時効の更新事由となるという不合理な結果を招くものだからです。

(3) まとめ

　本ケースでは、Y社の承認があるとはいえず、X社の債権に関する時効は更新されていないことになりますので、時効の完成を防ぐためには、別途時効の完成猶予・更新（旧民法：中断）措置を講じる必要があります。

---

[20] 大判昭和14年5月12日法律新聞4,444号14頁
[21] 弁護士酒井廣幸著「民法改正対応版─時効の管理」395頁

Question 11　債務者が債権者に決算報告書を渡す行為と債務承認

　関与先Ｘ社は、Ｙ社に対して400万円の買掛債務を負っており、支払いが滞っています。Ｙ社から支払いを待つ代わりに決算報告書の提出を求められているのですが、決算報告書を渡す行為は、債務承認となり、時効の更新（中断）がされるのでしょうか。

Answer

　債務承認となり、Ｘの買掛債務の時効は、更新（旧民法：中断）されることになると考えられます。

◉　解　説　◉

(1)　債務の承認

　債務者から債務があることの「承認」があると、新旧民法のいずれの適用があっても、承認時点から時効が更新されることになります（50、58ページ参照）。

　本件のように、時効の更新を意図したわけではなく、決算報告書を渡す行為自体によって、この「承認」があったと評価されるのかが、債務承認の性質と決算報告書の存在意義に関連して問題となります。

(2)　債務承認と決算報告書の提出

　債務の承認は、債務者がその債権等が存在することを知っていることを債権者に表示する「観念の通知」（50ページ参照）です。

　Ｘが時効の更新という法的効果の発生を欲する旨の意思表示ではなく、あくまでも債権の存在を認識している旨の表示で足りることになります。つまり、時効の更新という法的効果は、そのような観念の表示に対して、

法律により生じる法的効果であって、その効果を生じさせることを目的とするものである必要はないということです。

この点、決算報告書を渡す行為それ自体について、決算報告書は、税務署への提出や株主に対し会計内容を開示する目的のために作成されるものであり、債権者に債権の存在を認識していることを表示するためのものではないことを理由に承認にはあたらないとの見解もあります。

しかし、決算報告書を債権者に提出し、自己の経営状況や財産状態を明らかにするとともに、債権者との債権債務の照合のために利用するということもあり得ることから、債務の承認となるとするのが判例[22]の立場です。

(3) 結論

したがって、本件で、XがYに対して決算書を渡す行為をすれば、債務承認となり、時効が更新（旧民法：中断）されるものと考えられます。

---

[22] 最判昭和59年3月27日判タ524号195頁

Question 12　第三者による債務弁済行為と債務承認

　関与先 X 社は、Y 社に対して金銭債務を負っています。もうすぐ時効期間が経過しそうなのですが、1年前に Y 社に X 社を紹介した Z という人物が、責任を感じて一部弁済をしたようです。

　この場合、弁済による「承認」に該当し、時効は更新されているとなってしまうのでしょうか。

Answer

　X 社と Z との関係により異なりますが、第三者 Z による一部弁済は「承認」とはならず、時効の更新（旧民法：中断）は認められません。

◉　解　説　◉

(1) 第三者による弁済

　「承認」により、時効が更新される根拠は、債務者が債務を認めている場合には、権利者がその他の時効の完成猶予・更新措置を講じなかったとしても、権利の上に眠る者を保護しないという時効制度の趣旨に反しない点にあると考えられます。

　したがって、単純に第三者が一部弁済をしたことをもって「承認」とはならず、時効の更新はしないものと解されます。

　しかし、X 社と第三者 Z に次のような特殊な関係が認められれば、別に考える必要があるでしょう。

(2) 代理人による弁済の場合

　「承認」は、法律行為ではないもの、準法律行為としての観念の通知であり、法律行為についての制度である代理に関する規定（民法99条以下）

第1章
民事上の時効制度

も準用されると解されています。

　したがって、本件において、ZがX社の代理人として、弁済を行ったといえるケースでは、本人X社が弁済行為を行ったものとして「承認」になると解されます。

　ただし、代理となるには、債務者から第三者に対して代理権授与が必要となるところ、債務者から第三者にこのような行為がされることはあまり想定できないでしょう。

(3) 債務者の委託がある弁済の場合

　債務者Xからの委託（準委任）により、Zが債務を弁済した場合において、その委託について債権者が知っていた場合には「承認」があり、時効の更新となると考えられます。

　債権者と親戚である第三者が、債務者からの委託を受けて弁済を行った事案で、その弁済行為を「承認」とした裁判例[23]も存在します。

　債権者が債務者の意思による弁済であることを認識しており、かつ債務者からの委託行為によるものであれば、債権者がその他の時効の完成猶予・更新（旧民法：中断）措置を講じなかったとしてもやむを得ないからです。

---

[23] 東京地判昭和59年11月28日判タ553号195頁

Question 13　主債務に生じた猶予・更新事由と保証人等

　関与先 X 社は、事業資金として2,000万円の借入れをしています。この借入について、X の代表者 A は連帯保証人となっているのですが、主債務に時効の完成猶予・更新事由が生じた場合、A の連帯保証債務の時効はどのようになるのでしょうか。

Answer

　A の保証債務についても、完成猶予・更新事由（旧民法：中断）があったものとして扱われます。

● 解 説 ●

　主債務者に生じた時効の完成猶予・更新事由（旧民法：中断）は、その保証人に対しても、その効力が生じるとされています（民法457条1項）。

　これは、主債務について、時効の完成猶予・更新がされたにもかかわらず、保証債務を時効により消滅させるとすると、主債務の保証としての保証債務の意味が失われ、債権者を不当に害する結果になってしまうためです。

　したがって、X 社の借入債務について、時効の完成猶予・更新（旧民法：中断）事由が生じれば、A の連帯保証債務も時効の完成猶予・更新がされることになります。

Question 14　連帯保証人の債務承認と主債務の時効の更新

　　個人事業主Ｘは、事業資金として1,000万円の借入れをしています。この借入について、Ｘの父親であるＡが連帯保証人となっています。

　　Ｘは、その後、事業がうまくいかず返済を怠っており、連帯保証人のＡが弁済を続けています。

　　この場合、Ａの弁済による保証債務の「承認」により、Ｘの主債務についての時効も更新することになりますか。

Answer

　　連帯保証人Ａの弁済は、主債務者の「承認」にはならず、Ｘの主債務についての時効は更新（旧民法：中断）されません。

◉　解　説　◉

(1) 連帯保証人の保証債務の承認と主債務の時効の更新

　　まず、連帯保証人が主債務の元本や利息を弁済した場合、連帯保証人の「承認」となりますから、連帯保証債務の時効は更新されます。

　　しかし、時効の完成猶予・更新事由は、当事者及びその承継人にしか及ばないとされています（旧民法148条、新民法153条）。

　　したがって、Ａの弁済行為によって、Ｘの主債務に関する時効の更新が生じることはありません。

(2) 連帯保証人に対する「請求」と時効の更新または完成猶予

　　なお、本件とは関係ありませんが、旧民法においては、「連帯」保証人の場合、主債務者との関係について連帯債務に関する旧民法434条を準用しています（旧民法458条）。そして、旧民法434条において、連帯債務の

4.〈要件2〉
時効の更新（中断）・完成猶予（停止）事由がないこと　　69

1名に対する「請求」は他の連帯債務者にも効力を有する（絶対効）とされており、これが連帯保証人と主債務者にも準用されるため、連帯保証人に対する「請求」（47ページ）にあたる中断事由については、主債務の中断事由となります。

　一方で、新民法においては、民法改正により旧民法434条が削除されたため、「請求」も相対的効力となりました。

Question 15　複数回の「催告」と時効の完成猶予の効力の継続期間

　関与先X社は、Y社に対して売掛債権を有しています。時効期間の経過1週間前に慌てて、内容証明郵便により支払いをするように通知しました。この場合、「催告」として時効の完成は6ヶ月猶予されることになると思います。その後、6ヶ月以内に「催告」をし続ければ、時効の完成を防ぐことができるのでしょうか。

Answer

　X社の2度目以降の「催告」では、時効の完成猶予などの効果は生じません。

● 解　説 ●

(1) 旧民法適用の場合

　まず、X社のY社に対する内容証明郵便により支払いをするよう通知した行為は、「催告」に該当します。

　旧民法においては、中断事由のうち「請求」にあたります。しかし、裁判上の請求などの他の「請求」とは異なり、時効完成日を6ヶ月だけ先送りにして時間的猶予を与えるという暫定的な効果しか有せず、時効を確定的に中断させるには、催告をした後、6ヶ月以内に裁判上の請求、支払督促の申立て、民事調停法もしくは家事事件手続法による調停の申立て、破産手続参加、再生手続参加、更正手続参加、差押え、仮差押えまたは仮処分などの中断措置をとる必要があります（49ページ参照）。

　この「催告」に暫定的な効果しか認められない趣旨は、他の中断措置と異なり、単なる履行請求の意思表示に過ぎない点にあります。仮に「催告」を継続することでいつまでも時効が完成しないとしてしまうとこの趣

旨が失われてしまうことになります。

したがって、判例[24]は、催告をしてからさらに6ヶ月以内に催告をしても、時効の中断（実質的停止）の効果は生じないものとしています。

(2) 新民法適用の場合

新民法において、上記旧民法における判例法理を明確にする形で明文化されました。

（催告による時効の完成猶予）
新民法第150条　催告があったときは、その時から6箇月を経過するまでの間は、時効は、完成しない。
2　催告によって時効の完成が猶予されている間にされた再度の催告は、前項の規定による時効の完成猶予の効力を有しない。

したがって、時効の完成が猶予されている間に、再度「催告」を行ったとしても、完成猶予の効力は生じないことになります。

(3) まとめ

X社は、その他の時効の完成猶予・更新（旧民法：中断）措置を講じなければ、旧民法・新民法いずれが適用される場合においても、時効の完成を防ぐことができません。

---

[24] 最判平成25年6月6日民集67巻5号1208頁

5.

〈要件3〉
時効の援用の意思表示

(1) 時効の援用の効果

　時効の完成猶予・更新なく、時効期間が経過することにより、時効は完成します。

　しかし、旧・新民法ともに、消滅時効について、時効が完成すれば「債権は～消滅する」(旧民法167条・新民法166条1項)としながら、一方で、「時効は当事者～が援用しなければ、裁判所がこれによって裁判をすることができない」(民法145条)と定めています。これは、債務を免れることを良しとしない債務者の意思を尊重すべきであるということが理由とされています。

　この時効の完成と援用について、具体的な権利の取得・消滅の効果がいつ生じるのかについて、古くから諸説あるところです。以下、簡単にご紹介します。

●確定効果説………時効の完成(時効期間の経過)により、権利の取得・消滅の効果が確定的に生じており、時効の援用は裁判官の判断を制限するものに過ぎないとする説

●不確定効果説……時効の完成によっても権利の取得・消滅の効果が確定的に生じるわけではなく、時効の援用により確定するという説(不確定効果説には以下の2つの考え方がある。)

　・解除条件説……時効の完成により一旦は権利の取得・消滅の効果が生じるが、時効の援用がないことまたは時効利益の放棄

を条件として、その効果が失われるという説

・停止条件説……時効の完成のみでは、何らの効果が生じることはなく、時効の援用があって初めて確定的に権利の取得・消滅の効果が生じるという説

◉法定証拠説………時効の援用は、裁判において、請求権の消滅を基礎付けるために必要な法定の証拠を提出することとする説。つまり、援用、訴訟上の主張により、初めて権利の取得・消滅の効果が生じるという説

◉2段階説…………時効の完成により時効の援用権が生じ、援用することで実体的な権利の取得・消滅の効果が生じるという説

　この点、判例[25]は「時効による権利消滅の効果は当事者の意思をも考慮して生じさせることとしていることは明らかであるから時効による債権消滅の効果は、時効期間の経過とともに確定的に生ずるものではなく、時効が援用されたときにはじめて確定的に生ずるものと解する」として、時効の援用があったことを条件として、権利の得失の効果が確定的に生じるものと解しているもの（不確定効果説のうち停止条件説）と評価できます。

　つまり、時効の完成後であっても、時効援用前に債務の弁済などがあれば、それは法的に有効な弁済になることになります。また、民事上の時効の効果が生じた際の課税判断（期ずれの問題含む。）において、とても大きな意味を有するところかと思います（詳細は第3章以降を参照）。

　なお、民法改正がありましたが、時効の完成と援用の関係については変更はないものと考えられています。

---

[25] 最判昭和61年3月17日民集40巻2号420頁

(2) 時効の援用権者と効力の範囲

　民法改正において、時効の援用権についても条文が変更になりました。しかし、実務への影響を考えると旧民法下における判例法理を明示したのみであるため、旧法新法の区別なく新民法の条文から解説します。

> **（時効の援用）**
> 新民法第145条　時効は、当事者（消滅時効にあっては、保証人、物上保証人、第三取得者その他権利の消滅について正当な利益を有する者を含む。）が援用しなければ、裁判所がこれによって裁判をすることができない。

　消滅時効における債務者や取得時効により所有権を取得する者が援用権者であることは当然として、その他、時効の援用をすることができる者は誰かという点については、古くから裁判で争われてきました。ここでは判例の学術的な分析などではなく、具体的にこれまでの判例で時効の援用権が認められた者と認められてない者を記載することに留めることとします。

①　消滅時効
a) 時効の援用権が認められる者
- 被担保債権の消滅時効における<u>物上保証人・抵当不動産の第三取得者</u>
- 再売買の予約完結権の消滅時効における<u>仮登記がされた不動産の第三取得者・抵当権者</u>
- 被保全債権の消滅時効における<u>詐害行為の受益者</u>
- 主債務における<u>（連帯）保証人</u>
- 他の連帯債務者の債務における<u>連帯債務者</u>
- 譲渡担保設定者が譲渡担保権者に対して有する清算金支払請求権の消

減時効における<u>譲渡担保権者から被担保債権の弁済期後に目的物を譲り受けた第三者</u>

b）時効の援用権が認められない者

- 債務者や物上保証人の<u>一般債権者</u>（なお、債権者代位の要件を充足していれば、債務者の援用権を代位行使することは可能。）
- 先順位抵当権者の被担保債権の消滅時効における<u>後順位抵当権者</u>
- 債権者代位権の被保全債権の消滅時効における債権者代位権の<u>第三債務者</u>
- 相続回復請求権の消滅時効における<u>表見相続人からの相続財産譲受人</u>

② 取得時効

a）時効の援用権が認められる者

- 権利の取得者
- 土地の賃借人（借地人）

b）時効の援用権が認められない者

- 土地上の建物賃借人

③ 援用の効果が及ぶ範囲

援用権者が複数いる場合であって、その1人がした時効の援用の効果は、その者が利益を受ける限度でのみ生じるとされています（時効の援用の相対的効力[26]）。

これは、各時効援用権者は、自己の財産権を保護するために独立の援用権を認められたのであるからそれを超えて、他人の財産への過度な介入を避ける趣旨であると説明されます。

例えば、保証人が主債務の消滅時効を援用しても、主債務は債権者と保

---

[26] 大判大正8年6月24日民録25輯1095頁

証人の間でのみ消滅するということになり、債権者は主債務者への債権を失うわけではありません。一方、主債務者が消滅時効を援用すると、主債務はもちろん保証債務も消滅することになりますが、これは保証債務の附従性（主債務と運命を共にする性質）によるもので、時効の援用の効果というわけではないと考えられます。

④ 時効の援用権の喪失

時効が完成したとしても、時効の援用前であれば、財産権の得失や債権の消滅の効果は生じません。

それでは、時効完成後援用前に債務者が一部弁済などの債務の承認行為をした場合には、その行為以後、債務者は残債務の時効を援用できるのかという問題があります。

まず、債務者が時効の完成を知った上で、一部弁済などの承認行為を行った場合には、時効の利益を放棄する意思表示があったとして、債務者は、時効による債務の消滅などを主張することはできない（民法146条反対解釈）という点に争いはありません。

一方で、債務者が時効の完成を知らずに一部弁済などの承認行為を行った場合については、時効の利益を放棄したとは評価できないため、従来より争いがあります。この点について、判例[27]は、時効完成後の債務承認の後に時効を援用する行為は、時効完成後の債務承認と矛盾する行為であり、時効の援用はしないと考えた債権者の期待に反するものとして、信義則に照らし、時効の援用は許されないものとしています。

つまり、債務者が時効の完成を知らなかったとしても、時効完成後に債務承認行為があれば、時効の援用権を行使することは認められないということです。

---

[27] 最判昭和41年4月20日民集20巻4号702頁

Question 16　連帯保証人による債務承認と主債務の時効の援用

　個人事業主Ｘは、事業資金として1,000万円の借入れをしています。この借入について、Ｘの父親であるＡが連帯保証人となっています。

　Ｘは、その後、事業がうまくいかず返済に怠っており、連帯保証人のＡが弁済を続けています。

　この場合、Ａの弁済の度に、保証債務の「承認」をしているわけですが、主債務は、時効期間を経過しています。この場合、Ａは主債務の消滅時効の援用をすることは可能でしょうか。

Answer

　Ａは、Ｘの主債務の消滅時効を援用することが可能です。そして、保証債務の付従性により、Ａの保証債務も消滅することになります。

◉　解　説　◉

（1）連帯保証人の債務の承認と主債務の関係

　まず、連帯保証人Ａが主債務の元本や利息を弁済した場合、連帯保証人の「承認」としてＡの連帯保証債務の時効は更新（旧民法：中断）されますが、Ｘの主債務に関する時効の更新は生じません（69ページ Question 14参照）。

（2）連帯保証人と時効の援用

　まず、連帯保証人も時効を援用する当事者にあたります（75ページ参照）ので、ＡがＸ主債務の時効援用権者であるといえます。

　問題は、連帯保証債務は、Ａの弁済による「承認」により、時効が更新されている（Ａの連帯保証債務について時効の完成はない）にも関わら

ず、独立して X の主債務の援用ができるか否かです。つまり、A は債務を弁済しながら、主債務の時効の援用をするという一見矛盾するような行為が認められるのかという点に議論があります。

この点について、裁判例[28]は、保証人が、主債務の時効完成前の債務の弁済及び主債務の時効完成後に弁済をした場合を分けた上で、いずれの場合も、援用権が制限または喪失されることはないと判断していますし、当判断は最高裁[29]により是認されています。

(3) あてはめ

連帯保証人である A は、X の主債務の時効を援用することができます。そして、主債務が消滅することにより、保証債務も当然に消滅することになります（保証債務の附従性）。したがって、A は、今後、弁済をする義務はありません。

なお、時効の援用の効力は相対的に生じる（A との関係では主債務は消滅）ものですので、X は自ら時効を援用しない限り、主債務は残り続けることになります（76ページ参照）。

---

[28] 東高判平成7年2月14日判例時報1526号102頁
[29] 最判平成7年9月8日金融法務事情1441号29頁

第 **2** 章

税務上の
時効制度

1. 税務上の時効の概要

（1） 税務上の期間制限等

　実務の中で、広く税務上の「時効」と呼ばれるものの中には、賦課権の除斥期間と徴収権や還付請求権などの消滅時効の制度があります。また、賦課権の除斥期間と表裏をなすものとして、更正の請求の除斥期間も定められています。さらには、更正、決定等に対して、審査請求などの不服申立てやいわゆる税務訴訟を提起するにも、期間制限の中で行わなければなりません。

（2） 賦課権と徴収権の関係

　通則法では、「国税の更正、決定等の期間制限」として、70条〜74条において定めがあります。そして、期間的な制約について、税務官庁の処分の性質に応じて、除斥期間と消滅時効を区分して規定されています。そして、この「処分の性質」として、いわゆる賦課権と徴収権というものが区分されています。

　国税債権（納税義務）は、各税法の定める課税要件充足により成立するものとされていますが、予定納税に係る所得税、源泉所得税、延滞税利子税など自動確定となるもの（通則法15条3項）を除き、その内容が具体的に確定していないため、納税義務者または税務官庁の一定の行為を通じて、その金額が確定されます。なお、この確定させる行為は、申告納税方

式と賦課課税方式によるものに分けられます。

　そして、税務官庁が国税債権（納税義務）を確定させるための処分（更正、決定及び賦課決定）をする権利が賦課権であり、一方で、既に確定した国税債権（納税義務）の履行を請求し、収納する権利が徴収権です。

　通則法は、税務官庁の納税義務を確定させる賦課権については除斥期間の期間制限を、実際に国税債権の履行を請求し、収納する権利（通常の民事上の債権回収に近い）については消滅時効という期間制限を設けています。

〈国税に関する納税義務の成立と確定〉

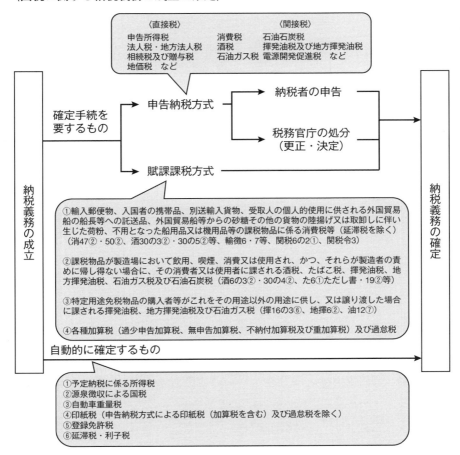

(3) 本章での解説

　本章では、賦課権の除斥期間、表裏の関係にある更正の請求の除斥期間、徴収権の消滅時効、還付請求権の消滅時効に加え、不服申立て、税務訴訟の期間制限などについても解説します。

2.

国税賦課権の
除斥期間

　賦課権は、国税債権を確定させるという特別な処分（更正、決定及び賦
課決定）です。一種の権利を形成する権利（形成権）であるので、消滅時
効制度に馴染まないため、除斥期間が設けられています。除斥期間につい
ては17ページにも記載がありますが、消滅時効との違いは以下の3点にな
ります。

> ①完成猶予・更新（中断）制度の適用がない
> ②存続期間の経過により絶対的に消滅する（援用などの考え方がない）
> ③権利の消滅に遡及効がない

　以下では、どのような更正、決定及び賦課決定がどの期間の除斥期間に
服するのかを解説します。

〈各賦課権の除斥期間年数〉

賦課権の区分				通常の過少申告又は無申告の場合	脱税（偽りその他不正の行為）
更正、決定				5年	7年
	移転価格税制			6年	
	贈与税				
国外転出等特例の適用がある場合の所得税				7年	
法人税の純損失等の金額についての更正				10年（※1）	
賦課決定	課税標準申告書の提出を要するもの	提出した場合	増額	3年	7年
			減額	5年	
		不提出の場合			
	課税標準申告書の提出を要しないもの				
	移転価格税制			6年	
	贈与税				
	国外転出等特例の適用がある場合の所得税の加算税等			7年	
（更正の除斥期間が経過する日前6ヶ月以内に）更正の請求があった場合における更正又はそれに伴う加算税の賦課決定				上記期限経過後（※2）でも更正の請求があった日から6ヶ月	7年
後発的事由等による期間制限の特例	争訟等に伴う更正の場合（※3）			裁決等または更正があった日から6ヶ月	
	経済的成果の消滅等に伴う場合			理由が生じた日から3年	
	災害等更正の請求期間延長等に伴う場合			更正の請求があった日から6ヶ月	

※1 法人における平成30年4月1日前に開始した事業年度又は連結事業年度において生じた純損失等の金額については、「10年」は「9年」となります（平成28年改正法18条による改正後の平成27年改正法附則53条3項）。

※2 国外転出等特例の適用がある場合を除きます。

※3 分割等及び連結申告の場合における特例は、102ページ参照。

（1） 通常の場合の更正、決定等の期間制限（通則法70条1項）

① 更正（増額と減額）または決定（第1号）

a) 通常の更正または決定……5年

（a） 概要

　更正（通則法24条）は、増額更正と減額更正を含みます。決定（通則法25条）は、納税申告書（確定申告書等）を提出する義務があると認められる者が、申告書の提出をしなかった場合になされます。そして、決定またはその決定後になされる更正（修正申告に対する更正や更正に対する再更正も含む。）なども、原則として5年間の除斥期間に服することになります。なお、その他、個別税法による特則やその他、下記に記載のあるものについては、そちらの除斥期間が適用されます。

（b） 除斥期間の起算日[1]

　除斥期間は、権利を行使することができる存続期間を定めたものですので、更正をすることができる最初の日が起算日となります。

　具体的には、申告納税方式による国税であれば、法定申告期限の翌日が起算日になります。また、還付請求申告書についての更正については、法定申告期限の定めがありませんので、申告書を提出した日の翌日から除斥期間を計算します。ただし、申告書の提出がない場合にする決定またはその決定後にする更正については、その申告に係る還付金がなく、納付すべき税額があるものとした場合におけるその国税の法定申告期限（同法施行令29条）となります。

---

[1] ここでいう「起算日」は、私法上の時効（第1章）における消滅の効果が遡求する「起算日」の意味ではなく、除斥期間の計算の開始日と考えて差し支えありません。

2. 国税賦課権の除斥期間　　87

b）その他の個別税法による特則

（a）移転価格税制に基づく法人税及び地方法人税の更正、決定等（措置法66条の4第21項、同法68条の88第22項）……6年

　移転価格事案の調査については、取引内容等の分析について多大な時間を要することや国外の関係会社などからの情報収集なども必要となることから、通則法上の除斥期間より長期の除斥期間が定められています。なお、更正、決定「等」とされているのは、更正、決定のみならず、賦課決定も含まれるからです。

（b）贈与税についての更正、決定等（相続税法36条1項）……6年

　贈与については、把握が困難なことが多いことや申告がされないことが比較的多い上、毎年申告が必要な所得税や法人税と比べ、類型的に申告漏れが単純な事務的ミスであるとは言い難い側面があるという理由で、通則法上の除斥期間より長期となっています。なお、更正、決定「等」とされているのは、更正、決定のみならず、賦課決定も含まれるからです。

② 課税標準申告書の提出を要する国税の賦課決定（第2号）

　賦課課税方式による国税は、基本的には税務官庁の処分により租税債権が確定するものになりますが、その確定をする際の資料として、納税者に課税標準を記載した申告書を提出することを、個別税法により義務付けているものがあります（通則法31条）。例えば、入国者の携帯品に係る消費税（消費税法47条2項等）などがあります。課税標準申告書の提出が義務付けられている国税の賦課決定については、以下の除斥期間となります。

a）課税標準申告書を提出した場合における「増額」の賦課決定……3年

　課税標準申告書の提出が義務付けられている賦課課税方式による国税で、かつ納税者がこれを提出していた場合における「増額」の賦課決定は、3年の除斥期間に服します（通則法70条1項柱書）。この除斥期間の起算日は、課税標準申告書の提出期限の翌日になります。

b) 課税標準申告書を<u>提出した場合</u>における「減額」の賦課決定……5年

　課税標準申告書の提出が義務付けられている賦課課税方式による国税で、かつ納税者がこれを提出していた場合における「減額」の賦課決定は、5年の除斥期間に服します（通則法70条1項柱書、第2号）。この除斥期間の起算日は、課税標準申告書の提出期限の翌日になります。

c) 課税標準申告書の<u>提出がない場合</u>における賦課決定……5年

　課税標準申告書の提出が義務付けられている賦課課税方式による国税で、かつ納税者がこれを提出していなかった場合の賦課決定は、5年の除斥期間に服します（通則法70条1項第2号）。

　この除斥期間の起算日は、課税標準申告書の提出期限の翌日になります。

③　課税標準申告書の<u>提出を要しない</u>国税の賦課決定（第3号）……5年

　課税標準申告書の提出を要しない賦課課税方式による国税の賦課決定は、5年の除斥期間に服します。

　この除斥期間の起算日は、納税義務の成立の日の翌日となります。

(2) 法人税の純損失等の金額についての更正の期間制限（通則法70条2項）

　法人税に係る純損失等の金額で当該課税期間において生じたものを増加させ、若しくは減少させる更正又は当該金額があるものとする更正は、通常の更正期間5年に関わらず、法定申告期限の翌日から10年の除斥期間に服します。なお、平成30年4月1日以前に開始した事業年度については9年となります。

　この除斥期間は、あくまでも法人税の純損失等の金額の増減についての更正処分にのみに適用されるものです。例えば、9年前の事業年度について調査した結果、赤字が黒字となって納付すべき法人税額が生じていたと

しても、純損失等（赤字）を「0」とする更正は可能でも、黒字の部分を上乗せして更正をすることはできません。この黒字の部分の更正処分に関しては、通常の5年の除斥期間に服するものとなります（なお、脱税等の場合は7年）。

また、「当該課税期間の生じた純損失等の金額」ではない純損失等の金額（前事業年度以前から繰り越された純損失等の金額など）のみの更正についても、この除斥期間の対象ではありません。

このあたりは、言葉のみで理解するのは煩雑ですので、第3章において具体的な事例により解説します（201ページ Question 35参照）。

(3) 更正の請求があった場合における特別の期間制限（通則法70条3項）

「3. 更正の請求の除斥期間（106ページ以下）」でも、解説する通り、通則法23条の更正の請求期間5年と税務署長が行う減額更正の除斥期間5年は、一致するようになっています。そうすると、除斥期間5年が経過する直前に更正の請求があった場合については、更正の請求が認められるものであっても、それに基づく更正や加算税についての賦課決定ができないという事態が想定されます。

したがって、除斥期間によって更正ができなくなる日前6ヶ月以内に更正の請求がなされた場合については、更正の請求に対する更正及びこの更正に伴って行われる加算税についての賦課決定は、更正の請求があった日から6ヶ月を経過する日まで、行使可能とされています。

なお、法人税法と地方法人税法は密接に関連するため、他方の税目についても、同様となります（地方法人税法26条1項）。また、移転価格税制や贈与税においても、同様です（措置法66条の4第21項、相続税法36条2項）。

（4） 脱税の場合の期間制限（通則法70条4項1号、2号）

　「偽りその他不正の行為」（以下、「脱税」といいます。）により、ⅰその全部若しくは一部の税額を免れ、又はその全部若しくは一部の税額の還付を受けた国税及びⅱ当該課税期間において生じた純損失等の金額が過大にあるものとする納税申告書を提出していた場合における当該申告書に記載された当該純損失等の金額についての決定または賦課決定については、7年の除斥期間に服するとされています。

　なお、法人税の純損失等の金額に係るものは、同条2項（10年）が優先適用されるため、ⅱには含まれません。また、贈与税について脱税があった場合についても、同様に7年の除斥期間となります（相続税法36条3項）。移転価格税制も同様です（措置法66条の4第21項）。

① 「偽りその他不正の行為」

　「偽りその他不正の行為」は、刑罰規定の「偽りその他不正の行為」（所得税法238条1項等）と同じ表現が用いられています。ここいう「偽りその他不正の行為」は、ほ脱の意思を持って、その手段として税の賦課徴収を不能または著しく困難ならしめるような何らかの偽計その他の工作のことをいうものと解されています[2]。

　一般的には、以下の行為[3]が例として挙げられます。

　法定申告期限前において、ⅰ納税者が虚偽の申告書を提出し、その正当に納付べき国税の納付義務を過少ならしめてその不足税額を免れること、

---

[2] 最判昭和42年11月8日判タ215号132頁
[3] 志場喜徳郎ほか「国税通則法精解」平成31年改訂861頁、武田昌輔（監）DHCコンメンタール国税通則法3761頁、黒坂昭一ほか（編）「平成30年度図解国税通則法」333頁

及びⅱ納税者が例えば名義の仮装、二重帳簿の作成等の積極的な行為を
し、法定申告期限までに申告納税せず正当に納付すべき税額を免れるこ
と、並びに法定申告期限が経過したときにおいては、単純無申告状態に
あった納税者がその法定申告期限後において、ⅲ虚偽の申告書を提出し、
その正当に納付すべき国税の納付義務を過少ならしめてその不足税額を免
れること、ⅳ税務官庁の決定に対する異議申立て（再調査の請求）または
審査請求をするに当たり、虚偽の事実を主張することにより正当な国税の
納付義務を過少ならしめること、及びⅴ税務職員の調査上の質問又は検査
に際し、虚偽の陳述をしたり、申告期限後に作為した虚偽の事実を呈示し
たりした場合において、その陳述し主張するところにより正当な国税の納
付を過少ならしめること等。

　なお、この「偽りその他不正の行為」は、重加算税における「隠ぺい仮
装」とは、多くのケースで重なるかと思われますが、当然異なる要件であ
ることから、理論上両者が一致するわけではありません。判例上も同一事
案で異なる結論としているものも存在します。この2つの要件の違いは、
「 Column 「偽りその他不正の行為」と重加算税の「隠蔽または仮装」
（94ページ）」を参照ください。

②　除斥期間が7年となる範囲

　偽りその他不正の行為があった場合には、この行為の相当する部分のみ
ではなく、計算誤り等同一国税の単純な過少申告に相当する部分を含む国
税の全体について、7年の除斥期間に服することになります[4]。

　「偽りその他不正の行為により、その全部若しくは一部の税額を免れ」
（通則法70条4項1号等）となっていることからも明らかです。

---

[4] 最判昭和51年11月30日税資90号707頁等

③ 行為の主体

「偽りその他不正の行為」についての行為者の典型は、法人の代表者や納税義務者本人になります。

しかし、通則法70条4項が除斥期間を7年とした趣旨は、脱税事案については、長い除斥期間を定め課税の適正を図ることにあります。このような趣旨や同項が「偽りその他不正の行為」の主体につき特に限定していないことから、納税者が偽りその他不正の行為を認識していたかどうか、又は認識することができたかどうかを問わずに、同項が適用されるという解釈が一般的です[5]。

裁判例等で同条同項が適用となった行為者の例は、以下の通りです。

a）確定申告等を委任していた税理士（最判平成17年1月17日税資255号順号9893）

b）実質的なオーナーから税務会計事務の委任を受けた者（最判平成7年2月23日税資208号430頁）

c）履行補助者や履行代行者（大津地判平成6年8月8日税資205号311頁）

d）準確定申告における被相続人（神戸地判昭和57年4月28日訟月28巻8号1662頁）

---

[5] 最判平成17年1月17日税資255号順号9893等

Column 「偽りその他不正の行為」と重加算税の「隠蔽または仮装」

　賦課権の除斥期間を7年とする「偽りその他不正の行為」と似て非なるものとして、重加算税における「隠蔽または仮装」というものがあります。

　両者は、多くのケースで重なるものと考えられますが、同一事案においても、重加算税の対象とはならないが「偽りその他不正の行為」にあたるとする裁判例や判例も存在しています。

　例えば、最判平成17年1月17日（税資255号順号9893）及びその差戻審である東京高判平成18年1月18日（税資256号順号10265）などもこの例です。

　納税者の譲渡所得についての確定申告書の作成の委任を受けた税理士が現職の税務職員と共謀して、所得税を脱税し、納税者から預かった所得税相当額を横領した事件において、納税者の監督等の過失があったとしても、この税理士の隠蔽仮装行為を納税者の行為と同視することができないとして、重加算税は課されないと判断しています。重加算税においては、法人の取締役や従業員の行為などについても、納税者（法人）の行為と同視することができるかにより判断されますので、このような事案であれば同視することはできないでしょう。

　一方で、この判決は、除斥期間を決める「偽りその他不正の行為」の判断については、その該当性を認めています。

　理由としては、この除斥期間の規定は、制裁等を目的とするものではなく、長い除斥期間による課税の適正を図るという客観的な趣旨によるものであるということになるでしょう。

　つまり、重加算税の「隠蔽・仮装」と比べて、より客観的に偽りその他不正の行為によって税額をその一部でも免れた事実があれば、適用の対象となると考えられているものと思われます。

　ただし、そうであれば、ほ脱犯と同様の文言を利用している点で、違和感は拭えないところです。ほ脱犯の裁判例では「ほ脱の意思」に焦点を当

てられたものが多い一方で、通則法の期間制限においては、この「ほ脱の意思」に重点をおいた事実認定と評価がされているのかというと疑問があります。制度の目的趣旨から[6]そのような形になっているように思いますが、そうであれば、租税法律主義の観点から文言についての法改正などをしても良いのではないかと思います。

(5) 国外転出等特例の規定の適用がある場合の所得税の更正、決定等（3号）（所得税法60条の2、60条の3）

① 原則（7年）

国外転出をする場合における譲渡所得等の特例（所得税法60条の2）と贈与等により非居住者に資産が移転した場合の譲渡所得等の特例（所得税法60条の3）※の適用については、当局において、その適用の有無を確認することが困難な場合や執行権などについても制約があることから、これらの特例の適用がある場合の所得税における更正、決定または賦課決定の除斥期間は、7年とされています。

※両特例を「国外転出等特例」といいます。

② 例外

一方で、納税管理人（通則法117条2項）の届出及び税務代理権限証書（税理士法30条、48条の16）の提出がある場合その他政令（通則法施行令29条2項）で定める場合には、上記のような弊害が少ないと考えられ、7年の除斥期間ではなく、通常の場合の5年の除斥期間（87ページ **(1)** – **①**参照）

---

[6] 刑事犯罪と同様に故意を絶対条件にする必要はないという考えもあるようです（「税経通信606号 P234大渕博義執筆箇所」）

の規定が適用されることになります。

まとめると具体的には以下の場合です。

a　国外転出をする場合における譲渡所得等の特例の適用を受ける者が、国外転出時までに納税管理人の届出をし、かつ確定申告期限までに税務代理権限証書を提出した場合

b　贈与（死因贈与を含まない）により非居住者に移転した対象資産（所得税法60条の3第1項から3項までの規定の適用があるもの）について、同条の特例適用がある場合（納税者本人が国内にいるため）

c　相続または遺贈（死因贈与含む）により非居住者に移転した対象資産（所得税法60条の3第1項から3項までの規定の適用があるもの）について、同条の特例適用がある場合において、
（a）　非居住者である相続人の全てが確定申告期限までに納税管理人の届出をし、かつ、同期限までに税務代理権限証書の提出があるとき
（b）　居住者である相続人が確定申告期限から5年を経過する日までに国外転出をした場合においては、国外転出までに納税管理人の届出をし、かつ、国外転出時または確定申告期限のいずれか遅い時までに税務代理権限証書の提出があるとき

d　aまたはbにより、特例の適用を受ける者が確定申告期限から5年を経過する日までに死亡した場合において、
（a）　非居住者である相続人のすべてが相続の開始を知った日から4ヶ月を経する日までに納税管理人の届出をし、かつ同日までに税務代理人権限証書の提出があるとき
（b）　居住者である相続人が確定申告期限から5年を経過する日ま

でに国外転出をした場合には、その国外転出時までに納税管理人の届出をし、かつ、その国外転出時または確定申告期限のいずれか遅い時までに税務代理権限証書の提出があるとき

　なお、納税管理人や税務代理人の解任や死亡などがあった場合には、上記の除斥期間を7年とする理由である弊害が残ることになりますので、さらに例外があります。そのような事態に遭遇した際には、通則法施行令29条、同施行規則11条の2をご確認ください（本書では紙面の関係上省略します）。

(6) 国税の更正、決定等の期間制限の特例 (通則法71条1項)

　特殊な後発的事由が発生した場合等において、賦課権の除斥期間を原則通り考えると問題があるケースがあることから、通則法は、一定の場合において、例外的に別途更正、決定等を行うことができるものとその期間を定めています。具体的には、以下の①争訟等または特殊な更正の請求に基づく更正に伴う場合（同条1項1号）、②無効な行為等により生じた経済的成果の消失等に伴う場合（同条1項2号）、③災害等による更正の請求期限延長に伴う更正等の場合の3つになります。

〈国税通則法71条1項による期間制限の特例〉

	条文	期間
①争訟等に伴う更正の場合	通則法71条1項1号	裁決等または更正があった日から6ヶ月間
②経済的成果の消滅等に伴う場合	同条1項2号	理由が生じた日から3年間
③災害等による更正の請求期限延長の場合	同条1項3号	更正の請求があった日から6ヶ月間

① 争訟等または特殊な更正の請求に基づく更正に伴う場合（同条1項1号）

以下のように、裁決等または更正の請求に基づく更正があった日から6ヶ月間は、通常の除斥期間が経過していたとしても、更正、決定等をすることができます。

a）争訟等に伴う場合

賦課処分（更正、決定及び賦課決定）の取消訴訟は、長期間にわたることから、通常の除斥期間経過後に処分の効力が変動する可能性が高くなります。

不服申立てまたは訴訟についての裁決、決定または判決（以下、「裁決等」といいます）において、取消しなどの対象となった原処分については、改めて処分をする必要はないので、問題はありません。

しかし、裁決等による原処分の異動に伴って、それ以外の年分または事業年度分について更正すべき場合に、除斥期間の関係で更正ができないとなると課税の公平に反するということがあるため、このような更正決定等について、除斥期間の延長を認めています。

例えば、ある事業年度の法人税について増額更正をされたケースを想定すると、翌期の事業税も増加するため翌期の損金が増加し、結果的に翌期の法人税が減少していることになります。このようなケースで、当初の増額更正である原処分が取消された場合、それに伴い翌期の損金とされていた事業税が減少することになるので、翌期の法人税について増額更正を認める必要があるということです。

この場合の延長の対象となる更正決定等は、通則法上は、原処分と同一税目に限るものとされています（同条同項同号括弧書き）。

例えば、役員賞与として認定した法人税の更正が取消されたとしても、役員側の給与所得については適用されません。

ただし、地方消費税と消費税（地方税法附則9条の4第1項、ただし、「当分

の間」)、所得税と復興特別所得税、法人税と復興特別法人税（東日本大震災からの復興のための施策を実施するために必要な財源の確保に関する特別措置法33条2項1号、63条2項1号）については、他の法律で同一税目として扱うものとされています。また、法人税法と地方法人税法は、密接に関連するものであるため、同一期間の更正、決定等が認められます（地方法人税法26条1項）。

b）特殊な更正の請求に基づく更正に伴う場合

通常の更正の請求のケースでは、更正の請求に基づく更正により、他の年分や事業年度の更正、決定等をすべきということになっても、その時点で、他の年分や事業年度の更正、決定等が除斥期間を経過しているということは、通常想定できません。

しかし、通則法23条2項に定める特別（後発的事由）の更正の請求や各個別税法上の更正の請求にあっては、通常の除斥期間経過後でも請求できる場合があります（110ページ以下参照）。

そのような場合への対処として、更正の請求に基づく更正に伴い他の年分や事業年度の更正、決定等についての除斥期間の延長が認められています。

なお、相続税法32条1項1号〜6号までの事由による更正の請求（114ページ表参照）があった場合には、その請求があった日から1年を経過した日と通則法70条の規定により、更正または決定ができないこととなる日のいずれか遅い日以後にはすることができないとされています（相続税法35条3項）。また、贈与等により非居住者に資産が移転した場合の譲渡所得等の特例の適用を受けた後に遺産分割等の事由が生じたとき等の所得税法の規定による義務的期限後申告書の提出があった場合には、同様に、その提出等があった日から1年を経過した日と通則法70条の規定により、更正または決定ができないこととなる日のいずれか遅い日以後にはすることができないとされています（相続税法35条4項）。

② 無効な行為等により生じた**経済的成果の消失等に伴う場合**（同条1項2号）

　私法上の契約などに無効原因や法定の取消事由があり取消された場合などには、私法上その契約は当初からなかったこととなります（法定取消の場合は、遡及効（民法121条））。

　このようなケースでは、契約などが有効であることを前提とした課税関係が生じている場合には、減額更正をする必要があります。ただし、税法は、経済的利益などを捕捉するものですので、単に無効または取消された契約であるだけではなく、その契約による経済的成果が消失されていることが必要となると考えられます。例えば、不動産の売買や贈与についていえば、登記名義の回復などです。

　具体的には、無効・取消しの場合のほか、課税の適正を図るために更正の請求における通則法上の後発的事由（110ページ参照）や各個別税法の特則事由（111ページ以下参照）が生じた場合には、通常の除斥期間の規定にかかわらず、それらの事由が生じた日から3年間は更正及び加算税についての賦課決定をすることができるとされています。ただし、通則法23条2項2号、同項3号のうち同施行令6条1項5号及び修正申告書の提出又は更正若しくは決定があったことを理由とするもの（所得税法153条、法人税法80条の2、同法82条、消費税法56条1項、2項）は除かれます（通則法施行令30条、24条4項）。非常に細かいところですが、110ページ以下の表の「条文」の欄と照らし合わせれば容易に判別できるよう記載してありますので、ご興味のある方は確認してみてください。

　一方で、これらの事由に基づき、経済的成果の消失などがあったとしても、所得税の事業所得や法人税の場合のように、収益（益金）と費用（損金）が期間対応するものについては、経済的成果の消失があった時点における期間で対応することから、この特例の適用はないとされています[7]（所得税法51条2項、法人税法22条4項）。消費税においても一般的に同様と

第2章
税務上の時効制度

解されます。

　例えば、事業用の商品の売買契約の無効や取消しによる返品などをイメージしていただければよいでしょう。

③　更正の請求期限延長に伴う更正等の場合（同条1項3号）

a）期間の計算及び期限特例（通則法10条2項）の適用による更正の請求がある場合

　更正の請求の期間制限については、通則法10条2項により期限が休日にあたる場合には、期限を翌日とみなすことになりますが、この規定は、税務署長の更正などには適用がありません。そうすると、更正の請求が認めるべきものであった場合に、更正やそれに伴う加算税についての賦課決定をすることができないという場合が想定されます。したがって、このようなケースでは、更正の請求があった日から6ヶ月間は、更正や加算税についての賦課決定ができるものとされています。

　なお、この規定は、更正の請求が、更正の除斥期間経過後になされた場合の処置についてのものであり、通則法70条3項に定める更正の請求が通常の除斥期間の直前になされた場合における特別の期間制限（90ページ）とは異なりますので、注意が必要です。

b）災害等による期限の延長（通則法11条）の適用による更正の請求がある場合

　税務署長等は、災害その他やむをえない理由があるときは、更正の請求期限を、通則法11条に基づき延長することができます。

　こちらについても、更正、決定等には適用されないため、「a」の場合と同様に、更正の請求があった日から6ヶ月間は、更正の請求に対する更正や加算税についての賦課決定ができるものとされています。

---

[7] 最判昭和53年3月16日訟月24巻4号840頁

2. 国税賦課権の除斥期間　　*101*

（7） 分割等及び連結申告の場合における特例
（通則法71条2項）

　分割等（分割、現物出資、現物分配または法人税法61条の13第1項（完全支配関係がある法人の間の取引の損益）の規定の適用を受ける譲渡損益調整資産の譲渡）が行われた場合には、分割法人等と分割承継法人等の国税について、相互の国税の異動が影響を及ぼし合う関係にあることが多いです。そのため、この分割法人等と分割承継法人等について、**(6) ①争訟等または特殊な更正の請求に基づく更正に伴う場合（同条1項1号）**（98ページ）の特例を相互に及ぼすこととされています。地方税についても同様の規定が存在します（地方税法17条の6第2項）。

　なお、合併のケースでは、合併法人は被合併法人の納付義務を承継する（通則法6条）ため、この規定の適用はありません。

Question 17 偽りその他不正の行為による申告後に修正申告書を提出した場合の除斥期間

Xは、2014年3月期について「偽りその他不正の行為」により確定申告書を提出していました。

しかし、私が顧問税理士となってから、不正の行為により免れていた税額について、加算税等の対策も含めて、修正申告をしています。

2019年10月に税務調査があり、同年12月に、2014年3月期（通常の過少申告部分）を対象とする更正をするといっています。この場合、更正をすることは法律上可能なのでしょうか。今後の調査におけるスタンスの参考にしたいので、教えてください。

Answer

修正申告をしても、不正の行為自体が治癒されるわけではないと解されていますので、更正などをすることは法律上可能です。

ただし、調査段階では、修正申告をしている以上、交渉などができる場合も実務上は多いかとは思います。

● 解 説 ●

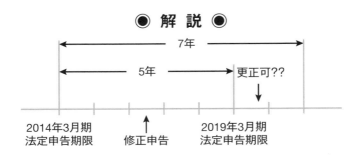

(1) 確定申告と修正申告との関係

まず、修正申告がされれば、その前の確定申告についてなかったことと

されるのであれば、脱税の場合に7年の除斥期間を規定した通則法70条4項1号等の「免れ～た国税」はなかったと考えられそうです。

しかし、修正申告の効力は、既に確定した納付すべき税額に係る国税については、影響を及ぼさないものとされています（通則法20条）。つまり、修正申告の効力は、既に確定された税額には影響を及ぼさず、追加的に確定させる範囲でのみ効力を生じるものです。

したがって、修正申告は、修正申告前の確定申告や更正決定などを遡ってなかったこととするものではありません。

なお、賦課権の除斥期間については、時効の完成猶予や更新（中断）の適用はありませんので、修正申告がなされたとしても、除斥期間が変動することはありません（85ページ）。

（2） 除斥期間が7年となる範囲

偽りその他不正の行為があった場合には、行為に相当する部分のみではなく、計算誤り等同一国税の単純な過少申告に相当する部分を含む国税の全体について、7年の除斥期間に服することになります（92ページ参照）。

（3） 結論

7年の除斥期間になる国税が偽りその他不正の行為に相当する部分に限定されるわけではなく、修正申告に確定申告等の前の行為を遡ってなかったことにする効力がない以上、本件のケースにおいて「偽りその他不正の行為」があった2014年3月期の通常の過少申告部分について、7年の除斥期間が適用されることになります[8]。

したがって、法律上は、2021年3月期の法定申告期限までは更正などができるということになります。

---

[8] 最判平成18年4月25日訟月54巻3号749頁

ただし、「偽りその他不正の行為」にあたるという前提のご相談ですが、税務調査では、単なる過少申告事案ではないかと思える事案についても指摘を受けるケースもありますので、修正申告をしているということも併せて、交渉をすることで、更正まではされないケースも多いかと思います（あくまでも、修正申告をしたことのみでは、宥恕を求めるという意味しかありません）。

3. 更正の請求の除斥期間

　更正の請求は、申告等によって一旦確定した課税標準等または税額等を納税者有利に変更すべきことを税務署長に求める制度です。つまり、更正の請求は、税務署長の賦課権の行使を求めるものであるため、基本的に、賦課権の除斥期間と更正の請求の期間制限は一致することになります。そうでなければ、更正の請求が認められるものであっても、減額更正ができないなどにより、更正の請求制度の実益が図れなくなるためです。

　このような意味で、賦課決定の除斥期間と更正の請求の除斥期間は、表裏の関係になります。

　更正の請求には、納税申告書などの記載や計算が誤っていたものについて減額更正などを求める①通常の更正の請求（通則法23条1項）と申告後の事情により税額等の計算に変更が生じた②後発的事由による更正の請求（通則法23条2項）があります。賦課権の除斥期間と同様に、その原則を通則法が定め、個別税法ごとに特則が設けられているものがあるという形となっています。

(1) 通常の更正の請求（通則法23条1項等）

　通常の更正の請求は、申告内容が納税者に不利な場合、すべてについて認められるわけではありません。

① 通常の更正の請求の要件

　通則法上、納税申告書を提出した者は、以下のいずれかに該当する場

合、税務署長に対して、その申告の課税標準等または税額等（更正されている場合は更正後のもの）に、更正の請求ができるとされています。

i　申告書に記載した課税標準等若しくは税額等の計算が国税に関する法律の規定に従つていなかつたこと又は当該計算に誤りがあつたことにより、当該申告書の提出により納付すべき税額（当該税額に関し更正があつた場合には、当該更正後の税額）が過大であるとき。

ii　iの理由により、申告書に記載した純損失等の金額が過少であるとき、又は当該申告書に純損失等の金額の記載がなかつたとき。

iii　iの理由により、申告書に記載した還付金の額に相当する税額が過少であるとき、又は当該申告書に還付金の額に相当する税額の記載がなかつたとき。

　あくまでも、i「計算が〜法律の規定に従っていなかったこと又は〜誤りがあったこと」が要件となりますので、確定申告における税制選択や評価方法選択のミスなどでは、当該要件を充足せず、原則として更正の請求はできませんので注意が必要です。確定申告の内容が誤ったものではなく、法律の規定に基づいた正しいものであるからです。

3. 更正の請求の除斥期間　　107

なお、修正申告の際には、概算経費の選択を錯誤があるものとして撤回
し、実額経費を社会保険診療報酬の必要経費にすることを認めた判例[9]が
あります。

②　通常の更正の請求の除斥期間

　通常の更正の請求期間は、法定申告期限の翌日から原則5年となりま
す。賦課権の原則的な期間と同様です。期間については「2. 国税賦課権
の除斥期間」で解説していますので、本項では、各税目別の通常の更正の
請求期間を図解します。なお、86ページをご参照いただければ、賦課権
の除斥期間と一致していることがわかります。

〈通常の更正の請求期間〉

対象税目		条文	請求期間
申告所得税		通則法23条1項	5年
法人税			
	純損失等の金額に係る更正		10年
	移転価格税制に係る更正	措置法66条の4第21項	6年
相続税		通則法23条1項	5年
贈与税		相続税法32条2項	6年
消費税及び地方消費税		通則法23条1項	5年
上記以外のもの			

　なお、賦課課税方式による国税については、申告行為により税額が過大
に確定するということはないため、更正の請求制度はなく、賦課処分に対
する不服申立て、訴訟という形で争うこととなります。また、自動確定に
よる国税（源泉徴収所得税など）は、納税者及び国による税額を確定させ

---

[9]　最判平成2年6月5日民集44巻4号612頁

る行為がないため、還付請求権が消滅時効にかかるまで（138ページ以下参照）、過大納付の事実を確認することができます（通則法施行令24条3項等）。

(2) 後発的事由による更正の請求（通則法23条2項等）

　納税申告書を提出した者や決定を受けた者は、通常の更正の請求ができる期間経過後においても、一定の事由が生じたことにより、税額等が過大になった場合等には、更正の請求が認められるものがあります。

　通常の更正の請求の対象となる誤りなどは、申告書提出や法定申告期限の時においても生じていたものであり、納税者の努力で発見することができたものであるから、原則5年の期間制限にかかることになります。しかし、申告時に予見できないこと等やむを得ない事由が生じた場合においては、5年以内に更正の請求を行うことを強いることはできないことから認められているものです。

　以下では、通則法の後発的事由と各税法に定められた更正の請求の特則についてまとめます。

〈後発的事由に基づく更正の請求の要件と期間制限〉

◆通則法（各税法共通）上の後発的事由に基づく更正の請求

		事由	条文	期間
1		判決（同一の効力を有する行為を含む）により申告等に係る税額等の計算の基礎となった事実と異なることが確定したとき	通則法23条2項1号	確定した日の翌日から起算して2月以内
2		その者に帰属するものとされていた所得等が他の者に帰属するものとする更正又は決定があったとき	同2号	当該更正等があった日の翌日から起算して2月以内
3		上記1、2に類する政令で定めるやむを得ない理由があるとき ↓	通則法23条2項3号、通則法施行令6条	当該理由が生じた日の翌日から起算して2月以内
	①	申告等に係る課税標準等又は税額等の計算の基礎となつた事実のうちに含まれていた行為の効力に係る官公署の許可その他の処分が取り消されたこと	通則法施行令6条1項1号	
	②	申告等に係る課税標準等又は税額等の計算の基礎となつた事実に係る契約が、解除権の行使によつて解除され、若しくは当該契約の成立後生じたやむを得ない事情によつて解除され、又は取り消されたこと	同2号	
	③	帳簿書類の押収等により、国税の課税標準等又は税額等を計算することができなかつた場合において、その後、当該事情が消滅したこと	同3号	
	④	租税条約に規定する権限ある当局間の協議により、その申告等に係る課税標準等又は税額等に関し、その内容と異なる内容の合意が行われたこと	同4号	
	⑤	申告等に係る課税標準等又は税額等の計算の基礎となつた事実に係る国税庁長官の法令解釈が、争訟等により変更され、その解釈が公表されたことにより、その課税標準等又は税額等が異なる取扱いを受けることとなつたことを知つたこと	同5号	

※1の判決には、刑事事件は犯罪事実の存否範囲を確定するに過ぎないため含まれません[10]。また、判決が当事者が専ら税金を免れる目的で馴れ合いによって得たものである等、客観的、合理的根拠を欠くものであるときは、「判決」には該当しません[11]。

〈各個別税法の特則〉

◆所得税関係

		事由	条文	期間
1		確定申告書を提出し、又は決定を受けた者（その相続人を含む。）がその年分の各種所得の金額につき所得税法63条（事業を廃止した場合の必要経費の特例）又は64条（資産の譲渡代金が回収不能となつた場合等の所得計算の特例）に規定する事実が生じたこと その他その年分の各種所得の金額（事業所得の金額等を除く。）の計算の基礎となった事実のうちに含まれていた無効な行為により生じた経済的成果がその行為の無効であることに基因して失われ又は当該事実のうちに含まれていた取り消すことができる行為が取り消されたことにより、後発的に通則法23条1項各号の事由が生じた場合	所得税法152条、同施行令274条	当該事実が生じた日の翌日から2月以内
2		修正申告書を提出し、又は更正若しくは決定を受けた者（その相続人を含む）は、これらに伴いその修正申告又は更正若しくは決定に係る年の翌年分以後の各年分で決定を受けた年分に係る所得税額等が過大となる場合又は還付金額が過少となる場合	同153条	修正申告書を提出した日又はその更正若しくは決定の通知を受けた日の翌日から2月以内
3	①	国外転出等特例（同60条の2、60条の3）に係る課税の取消しがあったことにより所得金額や税額等が過大となるとき	同153条の2、3	取消し事由に該当することとなった日から4月以内

---

[10] 最判昭和60年5月17日税資145号463頁
[11] 東京高裁平成10年7月15日訟月45巻4号774項

3	②	相続又は遺贈により取得等をした有価証券等で国外転出等特例の適用を受けていたものの譲渡をした場合において、国外転出等特例に係る課税の取消し又は相続等時課税特例（同60条の3）に係る遺産分割等の事由があったことに伴い、国外転出等の時に課税された有価証券等の取得価額の増額等がされるとき	同153条の4	その課税の取消し又は遺産分割等に係る更正の請求に基づく更正等があった日から4月以内
	③	相続等時課税特例（同60条の3）の適用を受けた居住者（被相続人）について生じた遺産分割等の事由により非居住者（相続人）に移転する有価証券等の増額等があるとき	同153条の5	その遺産分割等の事由が生じた日から4月以内
	④	国外転出等特例（同60条の2）に係る納税の猶予に係る期限前に当該特例の適用を受けていた有価証券等の譲渡等をした場合において、その所得に係る外国所得税を納付することとなるとき	同153条の6	その外国所得税を納付することとなる日から4月以内
4		転廃業助成金をもって資産の取得又は改良をした場合で、その資産の取得又は改良に要した金額が税務署長の承認を受けた取得又は改良に要する金額の見積額に対して過大となったとき	措置法28条の3第10項	資産の取得又は改良をした日から4月以内
5		収用交換等に伴い代替資産を取得した場合、特定の居住用財産の買換えの場合、特定の事業用資産の買換えの場合、既成市街地等内にある土地等の中高層耐火建築物等の建設のための買換えにより買換資産を取得した場合で、その取得価額が税務署長の承認を受けた取得価額の見積額に対して過大となったとき	措置法33条の5第4項、36条の3第2項、37条の2第2項、37条の5第2項・4項	取得した日から4月以内

◆法人税及び地方法人税関係

	事由	条文	期間
1	修正申告書を提出し、又は更正若しくは決定を受けた法人は、これらに伴いその修正申告又は更正若しくは決定に係る事業年度後若しくは連結事業年度後の各事業年度で決定を受けた事業年度に係る法人税額及び地方法人税額等が過大となる場合又は還付金額が過少となる場合	法人税法80条の2、地方法人税法24条	修正申告書を提出した日又は更正若しくは決定の通知を受けた日の翌日から2月以内
2	修正申告書を提出し、又は更正若しくは決定を受けた連結法人は、これらに伴いその修正申告又は更正若しくは決定に係る連結事業年度又は事業年度後の各連結事業年度で決定を受けた連結事業年度に係る法人税額及び地方法人税額等が過大となる場合又は還付金額が過少となる場合	法人税法82条、地方法人税法24条	

◆相続税及び贈与税関係

		事由	条文	期間
1		相続税法55条による未分割財産について、民法の規定よる相続分又は包括遺贈の割合に従った課税価格と異なる遺産分割が行われたこと	相続税法32条1項1号	
2		認知、推定相続人の廃除に関する裁判の確定、その他の事由により、相続人が異動したこと	同2号	
3		遺留分による減殺請求に基づき返還すべき、又は弁償すべき額が確定したこと	同3号	
4		遺贈に係る遺言書が発見され、又は遺贈の放棄があったこと	同4号	
5		条件付きでされた物納許可が取り消され又は取り消されることとなる場合において、当該条件に係る物納に充てた財産の性質その他の事情に関し政令で定める事由が生じたこと	同5号、同法施行令8条1項	その事由が生じたことを知った日の翌日から4月以内
6		上記1〜5に準ずるものとして政令で定める事由が生じたこと ↓	同6号	
	①	相続若しくは遺贈又は贈与により取得した財産についての権利の帰属に関する訴えについての判決があったこと	同法施行令8条2項1号	
	②	分割後の被認知者の請求により弁済すべき額が確定したこと	同2号	
	③	条件付きの遺贈について、条件が成就したこと	同3号	
7		特別縁故者が相続財産法人から財産分与を受けたこと	相続税法32条1項7号	
8		未分割財産が分割されたことにより配偶者の税額軽減額が増加すること	同8号	
9		被相続人に係る納税猶予分の所得税額の納付義務を承継した相続人が当該納税猶予分の所得税額に相当する所得税を納付したことなど	同9号	
10		贈与税の課税価格に算入した財産のうちに相続開始年分の受贈財産があったこと	同10号	
11		申告期限までに分割されていない小規模宅地等の特例対象宅地等が一定の要件の下、分割されたこと	措置法69条の4第5項	

◆消費税関係

		事由	条文	期間
1	①	国内取引に係る消費税額等につき、修正申告書を提出し、又は更正若しくは決定を受けた者は、これらに伴いその修正申告又は更正若しくは決定に係る課税期間後の各課税期間で決定を受けた課税期間に係る消費税額等が過大となる場合又は還付金額が過少となる場合	消費税法56条1項	修正申告書を提出した日又は更正若しくは決定の通知を受けた日の翌日から2月以内
	②	引取りに係る消費税額の修正申告又は更正等に伴い、その修正申告又は更正等に係る課税期間で決定を受けた課税期間に係る消費税額等が過大となる場合又は還付金額が過少となる場合	同条2項	
2		保税地域から引き取られる課税物品に係る消費税等	輸入品に対する内国消費税の徴収等に関する法律6条6項	課税物品たる貨物の輸入の許可があるまで又は当該許可の日から5年以内（輸入の許可前引取りに係る承認を受けた場合には、当該承認の日の翌日から起算して5年を経過する日と輸入の許可の日とのいずれかおそい日までの間）

3. 更正の請求の除斥期間　　*115*

Question 18　通常の更正の請求と後発的事由による更正の請求の関係

　Xは、後発的事由による更正の請求が可能でしたが、更正の請求をすることなく、その期間を経過してしまいました。しかし、通常の更正の請求ができる5年間は経過していません。

　この場合、後発的事由による更正の請求ができるケースであることから、通常の更正の請求は不可能ということになるのでしょうか。

Answer

　後発的事由によるケースであっても、通常の更正の請求の期間内であれば、通常の更正の請求をすることができます。

◉　解　説　◉

(1) 後発的事由による更正の請求の性質

　後発的事由に基づく更正の請求が認められている趣旨は、申告時に予見できないこと等やむを得ない事由が生じた場合においては、5年以内に通常の更正の請求を行うことを強いることはできないという点にあります。

　また、後発的事由による更正の請求を認める通則法23条2項は、「同項（＝第1項（通常の更正の請求））[12]の規定にかかわらず」、更正の請求をすることができる旨を定めています。

　このような趣旨や条文構造からすると、後発的事由による更正の請求は、通常の更正の請求の期間制限についての特例と考えられます。つまり、通常の更正の請求期間が過ぎたとしても、後発的事由がある場合に

----

[12] 筆者追記

は、例外的に一定の期間、更正の請求を認めるものということです。

（2）通常の更正の請求と後発的事由による更正の請求の関係

　このような後発的事由による更正の請求の性質からすれば、通常の更正の請求ができる期間内であれば、後発的事由によるケースであったとしても、通常の更正の請求をすることができます。

　むしろ、法律の構造としては、通常の更正の請求の期間内であれば、後発的事由による更正の請求の期間内であったとしても、通常の更正の請求によることになります。

4.
国税徴収権の消滅時効

　徴収権とは、既に確定した租税債権（納税義務）の履行を請求し、収納することができる権利であることから、国税の優先権（国税徴収法8条）と自力執行権（国税徴収権47条）を除けば、私法上の請求権（貸金返還請求権など）と似た性格を持ちます。

　したがって、徴収権の消滅時効については、特段の定めがない限り、民法の消滅時効と同様です（通則法72条3項）。民法の消滅時効については、「第1章　民事上の時効」をご参照ください。

　ただし、私人と私人の関係を規律する私法である民法と、納税者（私人）と国の関係を規律する公法である税法では、当然、異なる点があります。徴収権の消滅時効には、民事上の消滅時効と比べて以下のような相違点があります。

---

①時効の援用（73ページ参照）を必要とせず、時効の完成によって、租税債権が消滅すること

②時効完成後の利益の放棄（77ページ参照）が認められず、時効の完成により、絶対的に消滅すること

③特有の更新（中断）・完成猶予（停止）事由があること

　以下では、時効の完成により絶対的に消滅する徴収権の消滅時効の完成の要件について解説します。

（1） 時効期間……5年

①　起算点と時効期間計算の始期

　まず、時効の起算点については、民法上は「権利行使ができる時」など
の定めがおかれますが、租税債権における徴収権に関しては、租税債権の
確定まで行使することはできないものの、「法定納期限」を過ぎてしまえ
ば、税務官庁自ら賦課権を行使し租税債権を確定させることが可能となり
ます。このような考え方に基づき、通則法72条第1項は、法定納期限があ
る場合には原則として法定納期限、法定納期限の定めがないものについて
は、「徴収権を行使することができる日」を起算点としています。

　そして、時効期間の計算は、民法同様にこれらの日の翌日から計算する
ことになります（通則法10条1号）。具体的に主な国税について整理すると
次のようになります。

　なお、法定納期限がある場合においても、法定申告期限経過後の後発的
事由により納税義務が発生するものや通常の更正、決定等の除斥期間であ
る5年を経過した時点で生じるものもあるため、一部例外的な定めがあり
ます。

4. 国税徴収権の消滅時効　　*119*

〈徴収権の時効の起算点〉

区分	時効の起算点
申告納税方式の国税	原則として法定納期限
賦課課税方式による国税	・間接税法上、一定の事実により直ちに徴収するとされているものは、当該事実が生じた日 ・加算税は、その賦課の起因となる本税の法定納期限 ・印紙税の過怠税は、課税文書作成時など
源泉徴収所得税	原則として、利子、配当、給与等の支払の日の属する月の翌月10日
納付不足額の通知に係る登録免許税	その登記の日
更正の除斥期間が経過する日前6月以内にされた更正の請求に対する更正又は当該更正に伴って行われる加算税についての賦課決定※1による納付すべき国税	その更正があった日
争訟等の伴う更正決定等の期間制限の特例の適用がある場合※2または、災害等による期間延長等の特例の適用がある場合※3における更正決定等により納付すべき国税	裁決等又は更正があった日
還付請求申告書に係る還付金の額に相当する税額が過大であることにより納付すべき国税	還付請求申告書の提出があった日
滞納処分費	その支出すべきことが確定した日

※1　通則法70条3項（90ページ参照）
※2　通則法71条1項1号（98ページ参照）
※3　通則法71条1項3号（101ページ参照）

※附帯税と起算点

●延滞税と利子税

　延滞税と利子税については、本税に従属するものであるから、本税が存続する限り存続し、本税が時効により消滅したときは消滅するものと考えられています。

しかし、起算点については、本税と同様に法定納期限とする説[13]と遅延利息の実質を有し、滞納日数に応じて日々発生するため、その発生日の翌日から権利行使が可能であるとして、発生日の翌日であるとする説などが存在します。後者の説は、裁判例[14]で示されたものですが、本税について消滅時効が完成しても、直近5年間の延滞税または利子税の時効のみが完成しないという奇異な状態になるものとして強い批判があります。[15]

●加算税

　加算税の消滅時効の起算点は、その計算の基礎となる国税の法定納期限となります。

②　時効期間

　消滅時効の期間は、「5年」となります。

(2) 時効の更新（中断）、完成猶予（停止）事由及び時効期間の進行停止事由がないこと

　民法上の時効の更新（中断）と完成猶予（停止）制度と同様の制度（①、②）に加えて、徴収権の消滅時効については、「時効期間の進行停止」という特殊な制度（③）が存在します。

①　民法上の更新（中断）及び完成猶予（停止）事由

　私法上の時効において、更新（中断）及び完成猶予（停止）事由となっているもの（45ページ以下参照）については、国税債権においても、更新（中断）及び完成猶予（停止）事由となります（通則法72条3項）。

---

[13] 武田昌輔（監）「DHC コンメンタール国税通則法」3849頁
[14] 大阪高判昭和45年4月17日判タ252号276頁
[15] 武田昌輔（監）「DHC コンメンタール国税通則法」3849頁等

4. 国税徴収権の消滅時効　　*121*

なお、国税の徴収権の場合、支払督促、和解・調停の申立てなど制度上利用されるものではない事由については、その適用は問題となりません。

②　通則法73条1項の更新（中断）及び完成猶予（停止）事由等

　民法上の時効の更新（中断）及び完成猶予（停止）事由の他に、通則法73条1項は、更新（中断）及び完成猶予（停止）事由を定めています。

　更新（中断）及び完成猶予（停止）事由の効果は、「処分に係る部分の国税については」（同条同項柱書）とされており、その処分を受けた税額の範囲でのみ、生じることになります。

　なお、通則法上も民法改正に伴い中断と停止が、更新と完成猶予とされます。民法の時効の更新事由・完成猶予と同様に、2020年4月1日より施行されます（46ページ参照）。ただし、呼称の変更があるのみで、実務上の変更はないものと考えて問題はありません。

a）更正または決定（同法同項1号）

　更正通知書または決定通知書が納税者に送達された場合に、その送達の時点において、その更正または決定により納付すべき国税につき、時効が中断します。そして、その国税の納期限（更正通知書または決定通知書が発せられた日の翌日から起算して1月を経過する日（通則法35条2項2号））を経過した時から新たに時効期間が進行することになります。

　なお、民法の改正に合わせて、2020年4月1日以降は、送達時点から納期限まで時効の完成が猶予され、納期限が経過した時に時効が更新されることになるという表現に変わりますが、実質的な変更はありません。

b）申告納税方式による国税の加算税に係る賦課決定（同法同項2号）

　申告納税方式による国税の加算税に係る賦課決定通知書が納税者に送達された場合、送達の時点において、その加算税につき、時効が中断します。そして、その納期限（賦課決定書が発せられた日の翌日から起算して1月を経過する日（通則法35条3項））を経過した時から新たに時効期間が進行

することになります。

　申告納税方式によるものに限定される趣旨は、これらの加算税は、下記「c）」の納税告知がなく、納期限が通則法35条3項により設定されるからです。

　なお、民法の改正に合わせて、2020年4月1日以降は、送達時点から納期限まで時効の完成が猶予され、納期限が経過した時に時効が更新されることになるという表現に変わりますが、実質的な変更はありません。

c）納税に関する告知（同法同項3号）

　納税告知書が納税者に送達された場合（口頭で告知がされた場合を含む）、送達（口頭の場合は告知日）の時点において時効が中断します。そして、その告知により指定された納期限を経過した時から新たに時効期間が進行することになります。なお、単純に「納税告知」ではなく、「納税に関する告知」とされているのは、第二次納税義務者や保証人に対する納付通知書、滞納処分日の納入告知書なども含まれるからです。

　こちらについても、民法の改正に合わせて、2020年4月1日以降は、送達時点から納期限まで時効の完成が猶予され、納期限が経過した時に時効が更新されることになるという表現に変わりますが、実質的な変更はありません。

〈更正、決定、加算税の賦課決定、納税告知等〉

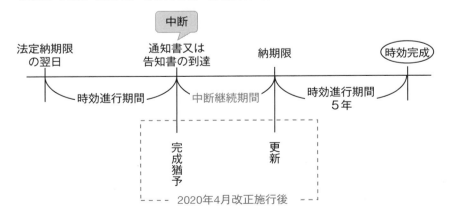

d）催促

督促状または督促のための納付催告書が納税義務者（納税者または第二次納税義務者もしくは保証人）に、送達された場合、送達の時点で時効が中断します。納付催告書が発された日から起算して10日を経過した日（発送日を含めた11日目）を経過した時から新たに時効期間が進行することになります。なお、納付催告書が発された日から起算して10日を経過した日までに国税徴収法47条2項による差押えがされた場合には、その差押えが終了した時から新たに時効期間が進行することになります。

こちらについても、民法の改正に合わせて、2020年4月1日以降は、送達時点から納付催告書が発された日から起算して10日を経過した日まで時効の完成が猶予され、納付催告書が発された日から起算して10日を経過した日を経過した時に時効が更新されることになるという表現に変わりますが、実質的な変更はありません。

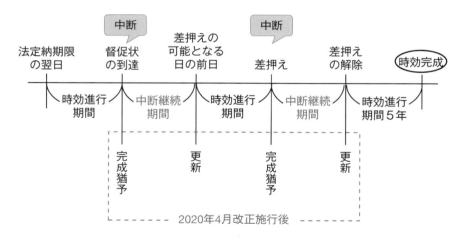

e）交付要求（同条同項5号）

交付要求書が執行機関に送達された場合、送達の時点で時効が中断します。そして、その交付要求がされている期間を経過した時から新たに時効期間が進行することになります。なお、この交付要求書は、参加差押書も

含まれます。ただし、執行機関に送達があったとしても、その通知が納税者に対して送達されていない時は、その期間は除かれるものとされています。

　交付要求により、時効が中断された場合には、たとえその交付要求についての強制換価手続きが取り消されたとしても、その時効中断の効力は失われません（通則法73条2項）。

　なお、民法の改正に合わせて、2020年4月1日以降は、送達時点から交付要求がされている期間まで時効の完成が猶予され、交付要求がされている期間を経過した時に時効が更新されることになるという表現に変わりますが、実質的な変更はありません。また、強制換価手続きが取り消された場合についても「時効の完成猶予及び更新は、その効力を妨げられない」と表現が変わりますが、同様です。

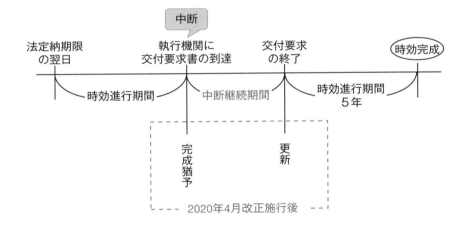

③　時効期間の進行停止

　民法や上記②における時効の完成猶予（停止）は、時効期間の進行を停止するものでなく、完成を一定期間猶予し、猶予期間内にその他の時効の更新（中断）措置を講じなければ、当初の時効期間満了により、時効が完成するというものです（51ページ参照）。

4．国税徴収権の消滅時効　　*125*

しかし、租税債権については、そもそもの時効期間の進行を停止するものがあります。わかりやすく言えば、理論上、停止期間が経過後、停止前の期間に加える形で、時効進行期間を計算するものです。

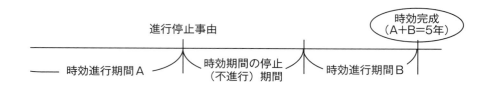

a)「偽りその他不正の行為により」その全部若しくは一部の税額を免れ、若しくはその全部若しくは一部の税額の還付を受けた国税の徴収権（通則法73条3項）

(a) 不進行期間

脱税の場合の賦課権の除斥期間が7年に延長されている（91ページ参照）ことに合わせて、当該国税の法定納期限から<u>最大で2年間</u>は時効期間は進行しないものとされています。

法定納期限の翌日から2年を経過する日まで間に、以下の行為があった場合には、各定めのある翌日から5年の時効期間が進行することになります。これは、強力な権力を持っている国が客観的に認識した場合には、不進行期間を設ける必要はないという趣旨のものになります。

> ⅰ 納税申告書（主に修正申告書）の提出
>   ……当該申告書が提出された日
> ⅱ 更正決定等（加算税に係る賦課決定を除く）
>   ……更正決定等通知書または賦課決定通知書が発せられた日
> ⅲ 納税に関する告知（賦課決定通知書が発せられた国税に係るものを除く）
>   ……納税告知書が発せられた日または口頭で告知された日
> ⅳ 自発的な源泉徴収による国税の納付

……納付の日
※加算税、利子税及び延滞税等の附帯税は、本税に付随します。

　この場合の消滅時効が進行しない範囲は、脱税による賦課権の除斥期間の場合と同様に、一部分についての脱税であっても、単純な過少申告も含むその年分の国税全部となります。ただし、上記の行為により納付すべきこととなる時点において、国税ごとに分割されて、それぞれ個別に消滅時効が進行することになります。この部分は、イメージが持ちづらいので図で示します。

① 正当な税額：400
② 期限内申告による税額：100
③ 法定納期限から1年後に修正申告により生じる税額：100
④ 法定納期限から4年後に修正申告により生じる税額：100
⑤ 確定されることのなかった税額：100

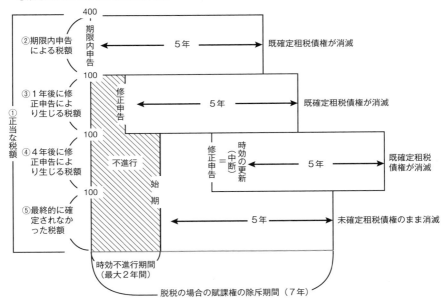

(b) 自動確定の国税（源泉徴収等による国税）の場合
　源泉徴収による所得税については、その納税義務の成立と同時に租税債

権が（自動）確定しますので、賦課権についての除斥期間は問題になりません。

　そして、脱税の場合には、賦課権を考慮するまでもなく、最大2年間は徴収権の消滅時効期間が進行しないため、源泉徴収による所得税を脱税した場合には、最大7年間は納税の告知ができるということになります。その他、自動車重量税及び登録免許税なども同様です。

b）国外転出等特例の適用がある場合の所得税の徴収権（通則法73条3項）

　脱税があった場合と同様に、国外転出等特例の適用がある場合の所得税についても、賦課権の除斥期間が7年とされている関係で、法定納期限から最大で2年間は時効期間は進行しないものとされています。法定納期限の翌日から2年経過までに126ページのi〜ivの行為があった時についての規律も脱税の場合と同様となります。

　なお、適用の範囲などについては、賦課権と同様（95ページ参照）です。

c）移転価格税制に基づく法人税及び地方法人税の徴収権

　移転価格税制に基づく法人税及び地方法人税の賦課権の除斥期間が6年となる（88ページ参照）ことに合わせて、徴収権の消滅時効についても、法定納期限から最大で1年間進行しないとされています（措置法66条の4第22項、同法68条の88第23項）。

　なお、法定納期限から1年を経過する間に、126ページのi〜ivの行為がある場合には、同様に進行が開始することになります（措置法66条の4第23項、同法68条の88第24項）。

d）贈与税の徴収権（相続税法36条4項）

　贈与税の賦課権の除斥期間が6年である（88ページ参照）ことに合わせて、徴収権の消滅時効についても、贈与税の申告書の提出期限から最大で1年間進行しないものとされています。

　なお、提出期限から1年を経過する間に、126ページのi〜ivの行為が

ある場合には、同様に進行が開始することになります（相続税法36条5項）。

e）納税猶予等の場合の徴収権（通則法73条4項）

国税の徴収権の時効期間は、延納、納税の猶予又は徴収若しくは滞納処分に関する猶予期間中は進行しないこととされています。なお、その国税による延滞税及び利子税も同様です。猶予期間であるにもかかわらず、時効期間を進行させるのは、公平に反することになるからです。

時効期間の進行途中で、時効期間の進行が停止した場合には、これらの事由が消滅した時点から、残りの時効期間が進行することになります。

ただし、実務上は、猶予申請による債務承認などがあるので、その時点で、時効が更新（中断）されていることが多いでしょう。

f）会社更生法などの規定に基づく滞納処分等の中止されている期間及び徴収の猶予等の期間における徴収権

（a）会社更生法の規定により滞納処分等の中止されている期間（会社更生法50条10項）及び徴収の猶予等の期間（同法207条）についても、時効期間の進行が停止するとされています。

（b）金融機関等の更生手続の特例等に関する法律の規定により滞納処分等の中止されている期間（同法36条等）及び徴収の猶予等の期間（同法126条等）についても、時効期間の進行が停止するとされています。

④ 延滞税及び利子税の徴収権

延滞税と利子税に関する徴収権は、本税の徴収権に従属するものですので、本税の徴収権について、時効の更新（中断）及び完成猶予（停止）があった時には、本税に対応する延滞税及び利子税についても、同様となるとされています（通則法73条5項）。

また、本税について納付があった場合にも、延滞税及び利子税は、その

納付時点で更新されます（通則法73条5項、2020年4月1日施行の同6項）。これは、民事上の債権おける利息と元本の返済の充当は、「利息→元本」の順とされる（民法491条）ため、利息の支払いは、元本の債務承認とされている一方で、租税債権は、「本税→延滞税または利子税」の順とされる（通則法57条1項等）ため、本税の納付が延滞税及び利子税の債務の承認となることからそのようにされています。

Question 19　徴収権の消滅時効の完成猶予・更新(中断)の及ぶ範囲

　Ｘは、2012年3月期について、税額200万円の法人税の確定申告書を提出し、納付しました。その後、2015年4月1日に税額が400万円であるとする更正通知書が届きました。

　2018年8月1日現在、2012年3月期の申告において、さらに税額100万円増差があることが判明しました。この場合、100万円については、修正して納付する必要があるのでしょうか。更正により消滅時効が中断（完成猶予・更新）されていると考えるのでしょうか。

　なお、この増差については、単なるミスにより生じたもののようです。

Answer

　100万円分については、時効の完成猶予・更新（中断）が生じておらず、徴収権は消滅していますので、修正申告をする必要はありません。

◉　解　説　◉

(1) 更正（または修正申告による）時効の完成猶予・更新（中断）

　まず本件では、2015年4月1日に、更正通知書が送達されていますので、この時点で時効の中断（2020年4月1日以降は完成猶予と更新）の効力が生じています（122ページ参照）。なお、これが更正ではなく修正申告の場合も、「承認」となりますので同様です（121ページ参照）。

　そして、時効中断の効果として、当該更正に係る納期限の翌日から新たに5年の消滅時効の期間計算をすることになります。

　つまり、仮に2015年4月1日に送達された更正により、時効の中断の効果が、2012年3月期の申告全体に及ぶ場合には、2018年8月1日現在おいて、税額100万円増差分について、消滅時効が成立していないことになり

4. 国税徴収権の消滅時効　*131*

ます。一方で、更正がされた金額（税額200万円）についてのみに時効の中断の効力が生じるとすると、2012年3月期の法定納期限の翌日から5年で消滅時効により徴収権が消滅しますので、2018年8月1日現在において、税額100万円増差部分の徴収権は消滅しているということになります。

(2) 時効の完成猶予・更新（中断）が及ぶ範囲

この時効中断の効力の範囲についてどのように考えるかについては、従来は議論があったところです。

しかし、通則法の制定時にあえて「処分に係る部分の国税」（通則法73条1項柱書）とされたことから、更正の内容となっている当初申告との差額税額200万円についてのみ時効の中断の効力が及ぶことになります。

(3) 結論

したがって、税額100万円増差部分の徴収権は、2012年3月期の法定納期限の翌日から5年で消滅時効により徴収権が消滅していますので、2018年8月1日現在において、修正申告も納付もする必要はありませんし、することもできません（133ページ Question 20参照）。

Question 20　納税申告と期間制限の関係

　徴収権の消滅時効期間が経過している納税義務について、期限後申告ないし修正申告を行うことは可能でしょうか。

　更正決定等や更正の請求には期間制限の定めなどがありますが、納税者側からの申告行為には、期間制限はないと思われますがいかがでしょうか。

Answer

　徴収権の消滅時効が完成すれば、その後の納税申告行為もできないと解されています。

● 解 説 ●

　確かに、納税申告行為の期間制限には、一般的に条文上の定めがありません。

　しかし、賦課権の除斥期間経過の効果及び徴収権の消滅時効の効果は、いずれについても、絶対的な効力を有するものです（85、118ページ参照）。納税申告行為自体は、徴収権の完成猶予・更新（中断）事由にはなりえますが、消滅時効の効果発生後に生じたとしても、時効の効果が絶対的効力を有するため、消滅の効果を覆すものではありません。

　また、還付請求申告書についても、還付請求権の消滅時効は5年であり、同様に絶対的効力を有するものされています（138ページ参照）。

　したがって、徴収権の消滅時効の効果が生じた後の申告行為は何らの意味を持たない行為となるため、納税者は申告行為を行うことはできないというのが一般的な解釈です[16]。

---

[16] 武田昌輔（監）「DHC コンメンタール国税通則法」3849頁、志場喜徳郎ほか「国税通則法精解」平成31年改訂870頁等

4. 国税徴収権の消滅時効　　*155*

なお、法律は、徴収権の消滅時効について規定しており、租税債権の消滅時効自体の規定はしていないことから、申告納付を収納する権利は消滅しないという反対説も存在します。

　しかし、国税の徴収権は、一般的に、納税義務の履行を請求し、「納付すべき税額を受領する権利」を含む[17]ものと解されていることからすると、徴収権が時効により消滅すれば、収納する権利も消滅するものと考えられます。この場合、自発的に納付があったとしても、過誤納となるものと考えられます。例えば、「偽りその他不正の行為」が存在しないにも関わらず、存在する前提で5年より前の申告について修正申告による納付をした場合には、本税に相当する部分については、還付請求ができることになると解されます。

---

[17] 谷口勢津夫著　税法基本講義第6版108頁

Question 21　主たる納税義務と第二次納税義務の関係と時効

　主たる納税者 X と第二次納税義務者である Y がいる場合において、徴収権の時効についてのそれぞれの完成猶予・更新事由（中断事由）は、どのような影響を及ぼすでしょうか。

　また、主たる納税義務の徴収権が消滅時効となった場合またはその逆はどのようになりますか。

Answer

　完成猶予・更新（中断）と消滅時効の効果は、主たる納税義務に生じたか、第二次納税義務に生じたかにより、4パターンとなります。

◉ 解 説 ◉

(1) 完成猶予・更新事由（中断事由）等について

① 主たる納税義務に生じた場合の第二次納税義務への影響

　主たる納税者の納税義務についての時効の完成猶予・更新（中断）の効力は、第二次納税義務に及ぶと解されています。これは、第二次納税義務は、主たる納税者の納税義務を補完する性質のものであることから、主たる納税義務から独立して、時効期間の進行を認めるべきではないという考え方に基づくものです[18]。この点については、民事上の時効における主債務と保証債務の関係と同様に解されているということです（68ページQuestion 13参照）。

---

[18] 参考：最判平成6年12月6日訟月41巻11号2907頁、広島地判昭和46年5月6日訟月17巻8号1354頁

4. 国税徴収権の消滅時効　*135*

② 第二次納税義務に生じた場合の主たる納税義務への影響

第二次納税義務について、完成猶予・更新（中断）の効力については、主たる納税者の納税義務には及びません（通則法72条3項、旧民法148条、新民法153条）。民法の保証債務について生じたこれらの事由が主債務に影響を及ぼさないことと同様です（69ページ Question 14参照）。

主たる納税者としては、第二次納税義務者がいるからといって、他人への措置で、徴収権の消滅時効期間が影響を受けるいわれはないからです。

(2) 時効による徴収権の消滅について

① 主たる納税義務が消滅した場合の第二次納税義務への影響

第二次納税義務は、主たる納税義務から回収が行えないことを補完するために認められた納税義務であることから、その補充性を重視し、主たる納税義務が時効により消滅したとしても、第二次納税義務が、時効の完成猶予・更新等の措置がとられ消滅していない場合には、第二次納税義務についての<u>徴収権は消滅しないという見解が有力です</u>[19]。

これに対して、民法の保証債務の付従性により主債務が消滅すれば保証債務も消滅する（77ページ参照）という考え方と同様に、主たる納税義務が消滅時効により消滅することで、第二次納税義務も消滅するという考え方もあります。

国は、時効の完成猶予・更新（中断）の方法として、差押えや督促という方法に加え、最高裁によって租税債権確認訴訟が認められており、それに伴い行政の扱いとしても、「主たる納税者の納税義務が時効の完成により消滅するおそれがある場合には、その納税義務の存在確認の訴えの提起等時効中断の措置をとることに留意する」（国税徴収法基通32条関係28）とされています。私見としては、このような多様な措置を講じることができ

---

[19] 武田昌輔（監）「DHC コンメンタール国税通則法」3850頁

る国家権力であるため、主たる納税義務の時効の完成猶予・更新（中断）措置を怠った場合にまで、第二次納税義務の存続を認める必要はないと考えます。

②　第二次納税義務が消滅した場合の主たる納税義務への影響

第二次納税義務の消滅は、主たる納税義務への影響はありません。

5.

還付金等の消滅時効
（通則法74条）

　還付金等にかかる国に対する請求権は、その請求をすることができる日から5年間行使しないことによって、時効により消滅するとされています。なお、この「その請求をすることができる」とは、民法上の時効における「権利を行使することができる」と同義と解されています（7ページ参照）。

　徴収権の消滅時効と同様に、時効の援用を必要とせず、時効完成後における時効の利益の放棄もできない絶対的なものとされています（通則法74条2項）。

　還付金等には、過誤納金と各税法に規定する還付金があります。

（1）過誤納金

　過誤納金については、過誤納金が生じた時点で、「請求をすることができる」ことになりますので、過誤納金が生じた時点（起算点）の翌日から5年間の時効期間を計算することになります。

　具体的に過誤納金が生じた時点とは、次のとおりです。

①誤納金……納付した時点

②不服申立ての決定、裁決により賦課処分が取り消された場合又は減額更正があった場合

　　……再調査決定書、裁決書又は更正通知書が送達された時

③無効な申告または賦課処分に基づいた納付

　　……納付の時[20]

---

[20] 最判昭和52年3月31日税資91号662頁

第2章
税務上の時効制度

④取消事由のある賦課処分に基づいた納付……取消の時[21]

(2) 各税法による還付金

　各税法による還付金も、還付請求をすることができる時点の翌日から時効期間を計算します。

　例えば、申告により発生する還付金または期限の定めない還付申告などであれば、当該申告書を提出することができる日となります。

(3)　時効の完成猶予（停止）・更新（中断）

　還付金等の消滅時効については、徴収権の消滅時効と異なり、税務上特別の定めが置かれているわけではありません。ただし、民法が準用される（通則法74条2項、同法72条3項）ことから、民事上の時効の完成猶予（停止）・更新（中断）事由の適用があることになります（45ページ参照）。

---

[21] 行政処分の公定力（146ページ Question 22参照）との関係から取消時点となります。

6.

租税争訟(不服申立て、税務訴訟等)の期間制限

(1) 国税に関する不服申立て及び訴訟

　税務署長等が行った更正、決定及び賦課決定などの処分に不服がある場合には、納税者は不服申立てをすることができます。国税に関する不服申立ての種類としては、原処分庁に対する「再調査の請求」(旧異議申立て)と国税不服審判所に対する「審査請求」の2つがあります。

　そして、審査請求を経て、なお不服がある場合には、処分の取消訴訟を提起することになります。

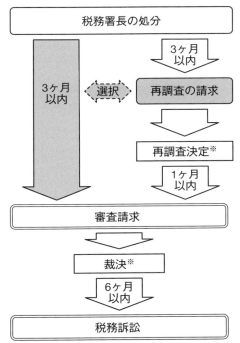

※再調査の決定及び裁決が3ヶ月以内になされない場合には、審査請求・税務訴訟をすることが可能です。

① **再調査の請求と（直接の）審査請求の申立期間（通則法77条1項）**

　平成26年6月の行政不服審査違法の改正に伴う通則法の改正[22]により、再調査の請求（旧異議申立て）と審査請求いずれを行うかについて選択できるようになりました。

　そして、不服申立てについては、税務署長の更正などの処分があったことを知った日（処分の通知を受けたときは、通知を受けた日）の翌日から<u>3月以内</u>に行わなければならないとされています。なお、「処分を知った日」とすると、いつまでも知らないということが理論上は考えられるため、1年の除斥期間が定められています（同条3項）。

---

[22] 平成28年4月1日施行

ただし、「正当な理由」があれば、期間経過後の申立ても認められるものとされています（同条但書）。この「正当な理由」とは、例えば、以下のようなものをいうとされています（不服審査通達77-1）。

（1）誤って法定の期間より長い期間を不服申立期間として教示した場合において、その教示された期間内に不服申立てがされたとき
（2）不服申立人の責めに帰すべからざる事由により、不服申立期間内に不服申立てをすることが不可能と認められるような客観的な事情がある場合（具体的には、地震、台風、洪水、噴火などの天災に起因する場合や、火災、交通の途絶等の人為的障害に起因する場合等）

---

② 再調査の請求後の審査請求の申立期間（通則法77条2項）

再調査の請求の後に、再調査の決定について不服がある場合には、再調査決定書の謄本の送達があった日の翌日から1月以内に審査請求をすることが必要です。なお、除斥期間や正当な理由については、①と同様です。

③ 処分の取消訴訟

a）審査請求前置（通則法115条）

国税に関する処分の取消訴訟は、審査請求についての裁決を経た後でなければ、提起することができないとされています。

ただし、審査請求がされた日の翌日から3ヶ月経過しても裁決がない[23]ときや裁決を経ることにより生ずる著しい損害を避けるため緊急の必要があるときその他裁決を経ないことにつき正当な理由[24]がある場合には、この限りではないとされてます。

---

[23] 審査請求から裁決までの標準的な期間が1年程度とされていることからすると、このような取消訴訟は可能であるが、実務上されるケースは少ない。
[24] 実務上は認められるのは稀です。

b）訴えの提起期限

　審査請求を経て、なお不服がある場合には、裁決があったことを知った日から6ヶ月以内に訴えを提起する必要があります（行政事件訴訟法14条1項、4項）。また、裁決を経ないことに正当な理由がある等で、審査請求を経ない場合には、処分があったことを知った日から6ヶ月以内となります（行政事件訴訟法14条1項）。

　なお、裁決の日から1年の除斥期間や正当な理由の例外があるのは、①と同様です（同法14条3項）。

(2) 地方税法における不服申立て及び訴訟

　地方税においては、通則法の適用はありませんので、基本的には行政不服審査法及び行政事件訴訟法により、申立期間などは律されることになります。なお、再調査の請求（旧異議申立て）制度はありません。

　地方税の不服申立手続きは、処分があった日の翌日から3ヶ月以内に審査請求をし、裁決のあったことを知った日から6ヶ月以内に取消訴訟を提起する必要があります（行政事件訴訟法14条）。この訴訟については、国税同様に審査請求前置とされています。

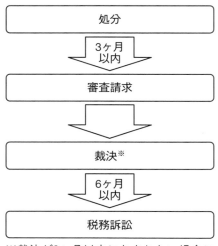

※裁決が3ヶ月以内になされない場合には、訴訟を提起することが可能です。

　ただし、固定資産税に係る固定資産の価格についての不服申立ては、地方税法が特別な手続きを規定しています（地方税法432条）。具体的には、固定資産課税台帳に登録された価格に関する不服を審査するためには、納税通知書の交付を受けた後、市町村に設置された固定資産評価審査委員会（同法423条）に対して、審査の申出をすることができるものとされています。一方で、固定資産税の賦課に対する審査請求では、上記価格に対する不服を理由とすることはできません（同法432条3項）。つまり、固定資産課税台帳に登録された価格に関する不服は、この申出制度によらなければならないということです。

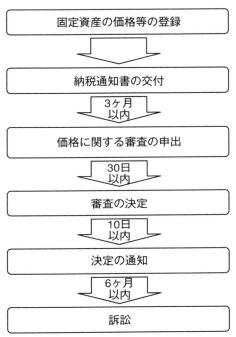

※30日以内に審査の決定がない場合には、訴訟提起をすることが可能です。

Question 22　固定資産税の過徴収と国家賠償請求の時効

　　最近、Xの固定資産の価格を明らかに過大に決定されていたことが判明しました。この誤りは18年前より生じていたのですが、納税通知書の交付の時点では誤りに気がつかず、実際に全額納付しています。不服申立てや訴訟提起の期間は経過してしまっています。また、還付請求権等は、5年で消滅時効にもかかると思いますので、何かできたとしても、5年の回復に限定されますでしょうか。この場合におけるXの救済手段はないものでしょうか。

Answer

　Xは、国家賠償請求をすることで、18年前から生じた損害を救済される可能性があります。

◉　解　説　◉

（1）行政処分の公定力と取消訴訟の排他的管轄

　まず、固定資産税は、賦課決定方式による課税方式ですが、この賦課決定は、行政処分にあたります。そして、行政処分は、一度されると法が認めた方法（不服申立てや訴訟）により、取消されない限り、有効なものとして扱われます。これが行政処分のいわゆる公定力といわれるものです。

　したがって、原則としては、不服申立てや取消訴訟の期間制限を徒過してしまうと、その効力を争うことはできません（取消訴訟の排他的管轄）。

（2）（行政処分の無効を前提とする）不当利得返還請求

　ただし、行政処分の公定力の例外として、判例上[25]、行政処分に外見上一見して重大かつ明白な瑕疵がある場合は、行政処分は当初より無効と

なると解されています。

この行政処分に重大かつ明白な瑕疵がある場合という要件は、極めて高いハードルになりますが、本件では「明らかに過大」ということですので、可能性がないわけではありません。仮に、この要件が認められた場合には、当初より固定資産税の賦課決定が無効となるため、誤納があったということになりますので、不当利得の返還請求（民法703条）ができると解されます[26]。

ただし、国税と同様に（137ページ参照）、地方税法においても、還付請求権は、5年で消滅時効が規定されており、効力も国税同様に絶対的無効とされています（地方税法18条の3第1項、同2項、同法18条2項）ので、納付時から5年で消滅時効により消滅するのではないかという点が問題となります。

この点について、あくまでも一般法である民法の不当利得返還請求権は、この地方税法上の消滅時効の制限を受けないという見解も存在します。しかし、処分が無効である前提であれば、納付した金額は明らかに過誤納であり、絶対的な効果を有する5年の消滅時効により消滅しないというのは、理論上は難しいものと思われます。また、仮に地方税法上の消滅時効に服さないとしても、民法上の10年の消滅時効には服することになります。

(3) 国家賠償請求
① 公定力との関係

国家賠償請求をすることも考えられます。ただし、課税処分のような金銭についての処分に対して、損害賠償請求を認めるとすると、実質的には、不服申立て手続きや取消訴訟手続き以外で、処分の取消しを認めるこ

[25] 最判昭和37年7月5日民集16巻7号1437頁
[26] 大阪高判平成3年5月31日判タ772号174頁

6. 租税争訟（不服申立て、税務訴訟等）の期間制限　　*147*

とと同様の結果を生むことから、公定力により許されるかという疑問があります。

この点について、判例[27]は、固定資産税における固定資産の評価誤りがあった場合において、あくまでも国家賠償請求上の違法というのは、「公務員が納税者に対する職務上の法的義務に違背してい」たかという注意義務違反等を問うものであり、取消訴訟における税法規定に従った処分か否かとは異なるものであるという点から、取消訴訟の公定力が生じる処分の効力とは異なり、国家賠償請求をすることは認められると判断しました。

実質的な判断としては、申告納税方式によるものと異なり賦課課税方式の場合には、不服申立てや取消訴訟等の期間制限内に納税者が気がつくことは困難であるという背景があるのでしょう。

② 国家賠償請求の時効

不当利得とは異なり、国家賠償請求の場合には、賦課決定の有効・無効を問題にするわけではなく、あくまでも「損害」の賠償を求めるものになります。したがって、理論上は、過誤納金の還付請求とは、異なる性質のものとして、地方税法上の消滅時効に服さないものと説明ができます。

本件では、「明らかに過大」な評価をしていたということでしたら、国家賠償請求が認められる可能性が高いかと思います。

そして、国家賠償法には消滅時効についての規定はなく、民法によるものとされるため、民法の不法行為に係る消滅時効期間となります。具体的には、「損害及び加害者を知った時から3年」、「不法行為のときから20年」となります（11、16ページ参照）。

つまり、損害及び加害者を知れば、3年の消滅時効に服することになり

---

[27] 最判平成22年6月3日民集64巻4号1010頁

ますが、そうでなければ、20年間は消滅時効は完成しません[28]。

　本件では、Xが損害を知ったことが最近ということですので、3年の消滅時効の完成はしておらず、18年前からのミスにより生じた損害の賠償を請求をしていくことが可能です。

(4) まとめ

　本件では、国家賠償請求を手段として選択することになるでしょう。なお、実務上は、明らかな誤りのケースでは、その法的な性質はおくとしても、地方公共団体では固定資産税返還要領により、5年以上前の返還給付を行っている例が多くあります。

---

[28] 旧民法では、除斥期間となります。

第 **3** 章

Q & A
個人所得・法人税編

1.

民事上の時効が
課税判断に与える影響

　第1章において、民事上の時効について解説しました。

　消滅時効や取得時効の効果が生じた場合には、経済的利益の得喪が生じますので、当然課税判断が伴います。本節では、民事上の時効の効果が、所得税と法人税の課税判断にどのような影響を及ぼすのかを、Q&A 形式で解説します。

　消滅時効では、主に貸倒損失・債務消滅益の計上時期や所得税と相続税の適用関係が問題となります[1]。特に消滅時効については、裁判例や裁決例がなく、実務上どのように判断すべきかの指標がない部分もありますので、私見も交えながら解説します。

　取得時効では、主に所得分類や収益の発生時期等が問題[2]となりますので、事例をもとに解説します。

　また、実務上遭遇することのある民事の裁判所の判断と課税判断との関係についても本節で取り上げることとします[3]。

----

[1] Question23〜26
[2] Question27・28
[3] Question29

Question 23　債務の消滅時効と貸倒損失計上時期

　関与先 X 社は、創業間もない Y 社に対して、2005年6月1日付で弁済期を5年後の2010年5月31日として、事業用資金1,000万円を貸付けました。X 社は Y 社に弁済期以降、再三返済するように内容証明郵便なども活用しながら求めていましたが、Y 社は一向に返済する素振りはなく、どうしたものかと考えていたとのことでした。2017年6月1日に、Y 社から X 社へ時効を援用するため、当該貸付金債権は時効により消滅する旨の通知が届いたとのことです。

　時効の援用の通知が届いた日の事業年度で貸倒損失として計上したのですが、税務調査において、時効の完成した事業年度において、貸倒計上が必要で期ずれであるとの指摘を受けました。

　この指摘は正しいでしょうか。時効による債権の消滅があった場合の貸倒損失計上時期と反論方法を教えてください。

Answer

　貸倒損失の計上時期は、時効の援用の通知の到達があった2017年6月1日が属する事業年度になると考えられます。

◉　解　説　◉

(1) 民事上の時効の整理

　まず、消滅時効により債権が消滅したとして、貸倒損失に計上するには、消滅時効による債権消滅の効果が生じているのかを確認する必要があります。

① 時効期間の経過

a) 起算点について

まず、X社からY社に対する貸付（消費貸借契約）は、2005年6月1日付けで行われており、2020年4月1日（改正民法施行日）より前の契約であることから、旧民法が適用となります（5ページ参照）。

そして、X社からY社に対する貸付金債権（「消費貸借契約に基づく貸金返還請求権」）は、弁済期である2010年5月31日の取引開始時点から行使可能な状態になっています（28ページQuestion 3参照）ので、この時点が起算点となります。なお、本件のような消費貸借契約に基づく貸金返還請求の場合、新民法適用後の「権利行使できること知った時」についても、同様となると考えられますので、実務上、新旧民法で具体的な起算点が変更になるわけではないと考えられます（12ページ参照）。

b) 時効期間の経過について

時効期間についても、起算日と同様に旧法の適用があります。こちらは会社間の消費貸借契約であることから、いわゆる「商事債権」に該当します（36ページQuestion 6参照）ので、時効期間は5年ということになります。なお、新民法では、商事債権は廃止されますが、一般債権の消滅時効期間が主観的起算点から5年になりますので、時効期間に変更はないものと考えられます。

そして、民法の時効期間の計算のルール（24ページQuestion 1参照）に従うと、初日不算入により、2010年6月1日から5年となりますので、

2015年5月31日の終了時点（2015年6月1日午前0時）に期間の経過があったことになります。

②　時効の中断（完成猶予・更新事由）

　時効の完成猶予・更新事由についても、2020年4月1日より前の時点で、時効期間が満了していますので、旧民法の適用があります（47ページ参照）。ただし、今回の事例では、裁判所の関与する手続きなどはされているわけではありませんので、問題となり得るとすれば、「催告」があり6ヶ月間時効の完成が猶予されているのか（49ページ参照）という点のみです。しかし、少なくとも、2015年6月1日より6ヶ月の期間が経過していますので、こちらも特に問題となりません。

　つまり、時効の中断（完成猶予・更新事由）はないということになります。

③　時効の援用

　債務者であるY社から債権者であるX社に対して、時効の完成以降の2017年6月1日に時効の援用の通知が到達していますので、有効に時効の援用がされたものと評価できます。

　したがって、2017年6月1日において、X社のY社に対する貸付金債権は消滅しているものといえます。

④　時効の効果と債権の消滅時期

　時効の債権消滅の効果は、時効の援用の到達があった2017年6月1日から、「起算日」に遡ることになります（民法144条）（3ページ参照）。

　そして、「起算日」は、起算点を含む日となりますので、2010年5月31日当時から債権は消滅しているものとして扱われます。

(2) 貸倒計上時期

　調査官の指摘は、「時効の完成した事業年度において、貸倒計上が必要」というものです。時効における貸倒損失計上時期については、①「起算日」（2010年5月31日）、②時効の完成時（2015年5月31日の終了時）、③時効の援用時（2017年6月1日）になるのかについては、理論上疑義があります。

①　起算日とする考え方〜民事上の遡及効と課税判断〜

　まず、民事上の債権消滅の効果は、起算日に遡ることになります。この民事上の効果に合わせて、①「起算日」（2010年5月31日）の属する事業年度に損失になるという考え方です。この考え方を前提とすると修正方法としては、更正の請求によるということになるのでしょう。つまり、更正の請求期間を過ぎていれば、X社としては、貸倒損失として計上できないということになります。

　しかし、民事上の時効の効果の遡及効はあくまでも、元本に付随する利息請求権などを残してしまうと時効制度の趣旨である永続した事実状態の尊重という趣旨が達成できないという理由でなされているに過ぎません（3ページ参照）ので、必ずしも民事上の遡及時期と貸倒損失の計上時期を同一としなければならないという絶対的な理由はないものと思われます。また、貸倒損失の計上の根拠は、法人税法22条3項3号に求められ、税法上の「損失」は実現したといえる場合に損失となるというルールがあります（実現主義）。それにも関わらず、何年も後に時効が成立・援用されたことを契機として、起算日にしか損失を計上できないというのはあまりにも不合理といえるでしょう。

　なお、裁判・裁決例を見ても、民事上の時効の遡及効に合わせて、起算日に損益を認識させるというものは存在しません。

　したがって、本件でも、X社の貸倒損失を起算日である2010年5月31

日に計上すべきとして、更正の請求を必要とするという判断とはなりません。

②　時効の完成時とする考え方と事実上の貸倒れ

　本件の調査官の指摘に準ずる考え方、つまり、時効の完成した2015年5月31日終了時点の属する事業年度に貸倒損失に計上すべきという考え方になります。

　この考え方の根拠としては、時効の完成時点（時効期間の満了時点）において、Ｘ社はＹ社に対して貸付金の返還を請求したとしても、Ｙ社が時効の援用をすれば回収することはできないことを理由に、時効の完成時点をもって、損失が実現しているという点に求められ一定の合理性のある考え方です。

　しかし、時効の援用と債権消滅について、裁判所は、時効の援用をもって初めて確定的に生じるものとしており（74ページ参照）、時効の援用がなければ、法的に債権は存在し続けています。また、Ｙ社が時効の完成後援用前に、Ｘ社に対して弁済をすれば、当然有効な弁済となります（77ページ参照）。

　したがって、時効の完成があれば直ちに貸倒損失としなければならない理由はないものと思われます。

　そして、法的に存在しているが、事実上回収できないことを根拠として、貸倒損失とすべきということであれば、これは法基通9-6-2でいうところのいわゆる「事実上の貸倒れ」という整理になるかと思われます。法人税法上の純理論的な解釈からすれば、損失の実現つまり回収不能となったと評価できる時点で、貸倒損失とすることになります。

　ただし、実務上の運用としては、法基通9-6-2においては、あくまでもＸ社が「損金経理」をすることにより、「損失」とすることが「できる」ことを認めているに過ぎず、強制的に貸倒損失とすべきという建付には

なっていません※。

　法令ではなく通達ではありますが、時効の完成時に貸倒損失とすべきという調査官の指摘や考え方は、事実上の貸倒れにおける実務上の運用とあまりにも乖離しており、この点からも妥当なものとは考えられません。

　※「損金経理」要件については、租税法律主義との関係で問題があると筆者は考えていますが、この点については割愛します。詳細を読まれたい方は、筆者の運営する「税理士×法律」というウェブサイトの「貸倒損失と法務の総論〜貸倒れの税務と法務①〜」
　https://zeirishi-law.com/kashidaole/solon という記事をご覧ください。

---

③　時効の援用時に損失とする考え方

　時効の援用により、法的にX社のY社に対する貸付金債権は消滅することから、その他特段の事情がない限り（159ページ Question 24参照）、その時点で損失として実現しており、貸倒損失として計上すべきという考え方が妥当でしょう。

(3) まとめ

　調査官の指摘には根拠はなく、X社のY社に対する貸付金債権の貸倒損失の計上時期は、Y社からX社に対してなされた時効の援用の通知の到達があった2017年6月1日が属する事業年度になると考えられます。

Question 24　債務の時効の援用を受けた場合と寄附金

　関与先 X 社は、Y 社に対して、2005年6月1日付で弁済期を5年後の2010年5月31日として、100万円を貸付けました。X 社は Y 社に弁済期以降、再三返済するように求めていましたが、Y 社は一向に返済する素振りはなく、どうしたものかと考えていたとのことでした。2017年6月1日に、Y 社から X 社へ時効を援用するため、当該貸付金債権は時効により消滅する旨の通知が届いたとのことです。

　時効の援用の通知が届いた日の事業年度で貸倒損失として計上したのですが、税務調査において、当該債権の消滅は寄附金に該当する旨の指摘を受け否認される可能性はありますでしょうか。

Answer

　本件では、寄附金とされることはないと考えられます。ただし、回収努力をしている証拠は残しておくことが無難でしょう。

◉　解　説　◉

(1) 民事上の時効の整理

　本件における民事上の時効と効果についての詳細は、153ページ Question 23「**(1) 民事上の時効の整理**」と同様となりますので、ご参照ください。

(2) 債務の消滅時効と寄附金

　理論上、債権放棄（債務免除）による貸倒れにおいて、貸倒れの要件（回収不能の事実）などがなければ、寄附金（法人税法37条7項8項）とされることになります（※実務上は純粋な第三者間のものであれば比較的緩やか

1. 民事上の時効が課税判断に与える影響　*159*

に解されているようです）。

　それでは、債権放棄（債務免除）の場合と同様に、消滅時効による債権の消滅の場合においても、寄附金とされる可能性があるのかという問題があります。債権者が個人、債務者が個人のケースで、消滅時効の援用があった際に、債務者の一時所得の収入金額となるのか、それともみなし贈与として贈与税の対象になるのかと同様の問題意識（164ページ Question 25参照）です。

法人税法37条第7項

　前各項に規定する寄附金の額は、寄附金、拠出金、見舞金その他いずれの名義をもつてするかを問わず、内国法人が金銭その他の資産又は経済的な利益の贈与又は<u>無償の供与</u>（広告宣伝及び見本品の費用その他これらに類する費用並びに交際費、接待費及び福利厚生費とされるべきものを除く。次項において同じ。）をした場合における当該金銭の額若しくは金銭以外の資産のその贈与の時における価額又は当該経済的な利益のその供与の時における価額によるものとする。

　この点について、裁判例などはなく、学説上の議論も見あたりません。

　消滅時効による債権の消滅は、債権放棄（債務免除）と異なり、法律上の制度である時効により生じるものであることから、債権者から債務者への利益の移転を観念できるものではないと思われます。特に、最終的に債務者側の時効の援用をもって、債権は消滅するのであり、債権者から債務者に「利益の〜供与」と評価するのは、文言解釈として難しいでしょう。

　したがって、債権者と債務者間において、実態としては単なる債権放棄であるにも関わらず、時効制度を利用してそれを仮装したというような特段の事情がない限り、「利益の〜供与」とは評価できないと考えられます。

(3) 本件のケース

　本件のケースでは、X 社と Y 社には、特殊な関係があるわけではなく、弁済期以降、再三返済するように求めていたということですので、「利益の～供与」があるとは評価できないため、寄附金とはならないと考えられます。

　なお、純粋な第三者間の関係であれば、リスクは低いと思われますが、債権放棄（債務免除）にも関わらず時効制度の利用を仮装しているとされないため、回収するための請求を行っていた事実など、回収努力を示す資料などを整備しておくことが無難な対応でしょう。

Column 消滅時効期間の改正と貸倒通達への影響

　法基通9-6-3では、一般的な事実上の貸倒れを定める法基通9-6-2とは別に一定の債権について、下記のように定められています。

（注意書き及び改正の経緯は筆者が削除）

●通達

> 9-6-3　債務者について次に掲げる事実が発生した場合には、その債務者に対して有する売掛債権（売掛金、未収請負金その他これらに準ずる債権をいい、貸付金その他これに準ずる債権を含まない。以下9-6-3において同じ。）について法人が当該売掛債権の額から備忘価額を控除した残額を貸倒れとして損金経理をしたときは、これを認める。
>
> （1）　債務者との取引を停止した時（最後の弁済期又は最後の弁済の時が当該停止をした時以後である場合には、これらのうち最も遅い時）以後1年以上経過した場合（当該売掛債権について担保物のある場合を除く。）
>
> （2）　法人が同一地域の債務者について有する当該売掛債権の総額がその取立てのために要する旅費その他の費用に満たない場合において、当該債務者に対し支払を督促したにもかかわらず弁済がないとき

　この通達の趣旨は、事実上の売掛債権の貸倒れの厳格な回収不能要件の立証を緩和し、取引停止等の形式的な基準で貸倒れの判断ができるようにすることにあります。「形式上の貸倒れ」などと呼ばれます。

　例えば、売掛債権であれば、通常取引を停止し、1年を経過すれば回収は難しいよね！？　という経験則に基づくものであると考えられます。ただし、旧民法の職業別短期消滅時効においても、「生産者、卸売商人又は小売商人が売却した産物又は商品代価に係る債権」は、2年の短期消滅時

効に服する（旧民法173条1号）ことも、この通達の存在の大きな理由の1つとされていました。

　新民法では、この職業別短期消滅時効が廃止され、売掛債権の時効も5年となる（12ページ参照）ことから、この形式上の貸倒れの通達の存続に影響がでるのではないかとも考えられます。

　筆者の私見ですが、この通達はあくまでも経験則の類型化という側面もあるため、民法改正の影響により改正や変更はされないのではないかと考えます。ただし、今後の動向には注視する必要があるでしょう。

Question 25　債務「免除益」と債務「消滅益」における税法適用の違い

　Xが Y に対して有している債権について、X が債権放棄（債務免除）を行った場合、Y の債務免除益に対して適用となる税法が当事者が個人または法人かで異なると思います。債権の消滅時効のケースでも、債務免除と同様に考えるのでしょうか。

Answer

　債務免除益の課税関係と消滅時効における債務消滅益における課税関係は、必ずしも同一にはならないと考えます。

◉ 解 説 ◉

(1) 債務免除益における適用税法

　まず、X が Y に対して、債権放棄（債務免除）をした場合の債務免除益の税務上の取扱いについては議論があるところですが、原則的な税法の適用関係は、実務上以下の通りとされることが一般的です。

①　Y が法人の場合

　Y の法人税法上の益金（法人税法22条2項）

②　Y が個人の場合

a) X が法人の場合

　Y の所得税法上の収入金額を検討

　　（所得税法36条・所得分類は債権の性質による。）

b）Xが個人の場合

（a）事業の取引上生じた売掛金などの債務免除益

→収入金額（所得税法36条、相基通8-2）

（b）それ以外→みなし贈与（相続税法8条、所得税法9条1項16号）

(2) 時効による債務消滅益における適用税法

　裁判例や学説上、この点について深く議論されているものはないようです。

　特に、XとYが個人の場合、贈与税の問題となるのか所得税の問題となるのか等については、実務上、税理士の先生からご相談を受けることもありますので、私見を含みますが、解説します。

①　Yが法人の場合

　法人Yが時効による債務消滅益を益金計上するという債務免除益と同様に考えて実務上問題ないでしょう。

　この点については、裁判例上も益金となることを前提としているものが存在しますし[4]、学説上も特に反対するものはないようです。

②　Yが個人の場合

a）Xが法人の場合

　Xが法人の場合、Yに債務消滅益が生じたとしても、贈与税の問題になることはありません。したがって、債務免除益と同様に考えて所得税の適用を検討することになるでしょう。

b）Xが個人の場合

　このケースについては、事業の取引上生じた売掛金などの債務免除益を

---

[4] 広島地判昭和57年12月24日税資132号1546頁、福島地判昭和62年2月23日税資157号669頁、仙台高判昭和63年2月25日税資163号596頁等

1. 民事上の時効が課税判断に与える影響　　*165*

除き、債務免除益と同様にみなし贈与の問題として捉えるのか、それとも所得税の問題として捉えるのかについては、難しい問題があります。

この点については、みなし贈与となると解説するもの[5]や一時所得となると解説するもの[6]などがありますが、その根拠は明らかにされていません。

（a）債務免除益との違いと私見

まず、債権放棄（債務免除）による債務免除益については、相続税法8条の適用が問題となりますが、同条では「債務の免除、引受け又は第三者のためにする債務の弁済による利益を受けた場合」（相続税法8条）とされています。

消滅時効による債務の消滅は、あくまでも、「債務の免除」ではなく、法律上の制度である時効制度により生じるものであることから、相続税法8条の適用はできないと考えます。

次に、相続税法8条の適用がないとしても、この消滅時効による債務消滅益が、相続税法9条におけるみなし贈与に該当するかが問題となります。

「……省略……対価を支払わないで、又は著しく低い価額の対価で利益を受けた場合においては、当該利益を受けた時において、当該利益を受けた者が、当該利益を受けた時における当該利益の価額に相当する金額……省略……を当該利益を受けさせた者から贈与……省略……により取得したものとみなす。」（相続税法9条抜粋）

相続税法9条の適用範囲については、通達で明示されているものは別としても、税務実務上、判断に悩むところです。

---

[5] 三木義一ほか著「実務家のための税務相談　民法編」第2版61頁
[6] 東京弁護士会（編）「新訂第7版法律家のための税法〔民法編〕」34頁

この点、消滅時効のケースではありませんが、相続税法9条の適用が争われた大阪高判平成26年6月18日等[7]において、同条における「利益を受けた時」とは、「贈与と同様の利益の移転」が必要と解されています。消滅時効における債権の消滅は、前述の通り、XからYへの利益を移転させるものではなく、法律上の時効という制度の下、Yの時効の援用により、Y自らが利益を得ており、この「利益の移転」を観念できないとも考えられます。

　また、不動産などの取得時効により、所有権を取得すると一時所得の収入金額となることは、裁判例上も実務上も確立されているところ（175ページQuestion 27参照）です。単に一方が利益を失い、一方が利益を得るという関係さえあれば、同条の適用があるとすると、取得時効のケースも同様に相続税法9条の適用範囲に含まれるとも考えられますが、これは実務とは大きく異なることになってしまいます[8]。

　したがって、私見としては、相続税法9条のみなし贈与には該当せず、所得税法9条1項16号（非課税所得）は適用されないため、所得税の問題として処理すべきと考えます。

　非公開裁決[9]ではありますが、個人から個人に対する貸付金債権について、消滅時効が援用された事案において、一時所得の収入金額となることを前提としてなされたものも存在しています。

　なお、事業用の債務は別として、生活上の債務は返済を免れたとしても、実務上課税される取り扱いはない旨、指摘する書籍もあります[10]。筆者も実務上の感覚としては、賛成ですが、理論上必ずしもそうとは言い切れないところです。

---

[7] 税資264号順号12488
[8] 時効の対象となる権利が物権か債権かという点は、異にする解する理由にはならないと考えられます。
[9] 平成28年10月3日裁決 TAINSコード：F0-1-682
[10] 三木義一ほか著「実務家のための税務相談　民法編」第2版61頁

Question 26　債務消滅益と権利確定主義・公正妥当な会計処理基準

　　関与先 X 社には、2013年3月31日付で退職した元従業員 Y に対して、少なくとも退職日までに支払わなくてはならなかった未払給与が150万円計上されています。2016年11月の税務調査で、時効により債務が消滅していることから時効の完成時において、債務消滅益を計上するように指摘を受けました。この指摘は正しいのでしょうか。

Answer

　　本件において、調査官の指摘には根拠がないものと考えられます。ただし、特に事業上の債権についての債務消滅益の計上時期については、時効の援用の時期のみならず、権利確定主義や公正妥当な会計処理基準の考慮が必要となると考えます。

◉ 解 説 ◉

(1) 民事上の時効の整理

　　まず、本件の調査官は、「時効により債務が消滅していることから時効の完成時において、債務消滅益を計上するように」という指摘をしています。時効を根拠とする指摘である以上、民事上消滅時効により債務が消滅しているのかを確認する必要があります。

① 時効期間の経過

a) 起算点について

　　X 社の Y に対する未払給与の支払債務（「雇用契約に基づく賃金支払債務」）は、遅くとも Y が退職した2013年3月31日には、権利行使可能な状態になっているものと考えられます。X 社と Y の労働契約は、2013年3

月31日には終了しており、2020年4月1日（改正民法施行日）より前の契約であることから、旧民法が適用となります。したがって、起算点は、客観的に行使可能な2013年3月31日以前ということになります。なお、この点については、新民法でも異ならないと考えられます（12ページ参照）。

b）時効期間の経過について

　未払給与の内容が、退職手当（退職金など）以外のものである場合には、時効期間は2年ということになります（12ページ参照）。なお、時効期間について、労働基準法115条は、民法改正に伴い変更はされていません（16ページ参照）。

　そして、民法の時効期間の計算のルールに従うと、遅くとも、2013年4月1日から2年となりますので、2015年3月31日の終了時点（2015年4月1日午前0時）に期間の経過があったことになります。

② 時効の中断（完成猶予・更新）事由

　時効の中断（完成猶予・更新）事由についても、2020年4月1日より前の時点で、時効期間が満了していますので、旧法の適用があります（46ページ参照）。ただし、今回の事例では、Yから裁判所の関与する手続きなどはされていません。問題となり得るとすれば、「催告」があり6ヶ月間時効の完成が猶予されているのか（49ページ参照）という点ですが、税務調査が2016年11月ということで、2015年4月1日より6ヶ月の期間が経過していますので、特に問題になりません。その他、XがYに対して、債務承認をしていなければ、時効の中断（完成猶予・更新）事由はないということになります。

③ 時効の援用

　本件のケースでは、X社は、Yに対して時効の援用の通知などをしておらず、時効の援用はされていないものと評価できます。

④　時効の効果と債務の消滅

　時効の債務消滅の効果は、時効の援用があった場合に初めて確定的な効果を生じることになります（74ページ参照）。本件では、時効の援用がされていないため、X 社の Y に対する未払給与の支払債務は、法的には存在しており、消滅はしていません。

(2)　債務の消滅時効と計上時期

①　調査官の指摘の適否

　本件では、仮に消滅時効により X 社の未払債務が消滅すれば、X 社は経済的利益を受けることになりますので、債務免除益と同様に債務消滅益は益金となります（164ページ Question 25参照）。

　しかし、本件において、債務者である X 社は時効の援用をしていません。そうすると、民事上、X 社の未払給与支払債務は消滅していません。

　したがって、少なくとも、調査官の「時効により債務が消滅していることから時効の完成時において、債務消滅益を計上する」という指摘は誤りですので、そのように反論することになるでしょう。

　今回の調査官の指摘に対しては、民事上の時効による債務消滅の要件（時効の援用）から反論すれば足りるでしょう。

②　債務消滅益の益金計上時期と公正妥当な会計処理基準

　しかし、貸倒損失（153ページ Question 23参照）とは異なり、債務消滅益の計上時期を判断するに際しては、債務者である X 社の時効の援用時期によると、X 社の恣意的な判断による利益調整のおそれが内在することになりますので、同様に考えてよいのかという点については、疑問もあります。

　つまり、時効の完成時点において、X 社は、時効の援用さえ行えば、無条件に債務を免れることができる状況にあるということで、法人税法上

第3章
Q & A 個人所得・法人税編

の収益計上において権利の確定があったとし、益金計上すべきという考え方もより合理性のあるものとも考えられるからです。

なお、本書でも紹介している取得時効に関する一時所得の収入金額の計上時期や相続税法上の相続財産の判断などについては、裁判例・裁決例なども、民事上の効果に従い時効の援用時を基準とする考え方となっていると評価できます[11]。しかし、債務の消滅時効、特に法人税など事業上発生した権利関係を対象にする債務における債務消滅益についても、同様に考えてよいのかという点については悩ましい問題があります。

この点について、債務の消滅時効について裁決例・裁判例としては、(a) 広島地判昭和57年12月24日（税資132号1546頁）、(b) 福島地判昭和62年2月23日（税資157号669頁）と同判決の控訴審である仙台高判昭和63年2月25日（税資163号596頁）、及び (c) 平成28年10月3日裁決（TAINSコード：F0-1-682）があります。

(a) 広島地判昭和57年12月24日

当裁判例は、退職したホステス・従業員の未払給与について、水商売の業界による実態などから、「権利確定主義に従えば〜消滅時効完成後に雑収入に計上することが相当というべき」という判断をしています。しかし、当裁判例は、民事上の時効の援用の効果について、明確に不確定効果説のうちの停止条件説を採用した最判昭和61年3月17日（74ページ参照）以前のもので、時効の援用についての民事上の効果自体がはっきりとしていなかった時点のものになります。また、当裁判例は、法人税法違反の刑事事件であり、検察官が時効期間経過前に従業員から債務免除があったとして公訴提起にかかる事業年度の雑収入として計上すべきとしていたことに対して、弁護人が時効完成後に雑収入として計上すべきものであると反

---

[11] Question 27、43〜45参照

論していたという対立状況で、検察官の主張に誤りがあるという文脈で判断されたものであり、事案の解決という意味では時効完成の後であれば、時効の完成時か援用時かという判断が結論に影響を及ぼす状況でなされたものではありません。つまり、時効の完成前にも債務消滅益を計上すべきかについての判断が問題となっていたものです。このような裁判例ですので、現時点において、必ずしも、消滅時効の債務消滅益の計上時期という点について先例として扱えるものとは評価できないように思われます。

（b）福島地判昭和62年2月23日、仙台高判昭和63年2月25日

　当裁判例は、法人税の更正処分及び重加算税の賦課決定の取消訴訟についてのもので、買掛金債務の消滅益が生じているのかが争われたものです。

　裁判例では、次のような理由から、「説明会の時点において、本件売掛金債権は、社会的・経済的に消滅したものと認めるのが相当」と判断しています。

ⅰ）債権者が昭和54年9月10日事実上倒産していること

ⅱ）債権者が昭和54年11月10日付で同年9月10日現在における決算書を自らの債権者に送付しているが、その決算資料には対象の売掛金の計上がされていないこと

ⅲ）原告（債務者）の代表者は、元々は債権者に勤務し、独立後も債権者と緊密な関係にあって、取引を続けていたもので、債権者の状況を十分了知しうる状況であったこと

ⅳ）債権者は、昭和54年11月20日から同月22日かけて、自らの債権者に対して説明会を設けたが、自らの債権者から何らの異議もでなかったこと

ⅴ）債権者の原告（債務者）に対する売掛債権は、昭和54年7月15日には、消滅時効が完成したこと

　この裁判例については、時効完成時において債務消滅益を計上するとし

たものとして評価していると思われる解説[12]や時効の援用時において債務消滅益を計上するものとして評価する解説[13]があります。

　しかし、裁判所の判示を見る限り、「説明会の時点」（昭和54年11月20日～22日）において、消滅したとしており、時効の完成時である昭和54年7月15日に債務消滅益を計上すべきとしているものではないと思われます。また、説明会の開催が時効の援用があったと評価したわけでもないと思われます。裁判例も、「法律上」という表現を用いず、「社会的・経済的に」と表現していることからもそのように考えているものと思われます。

(c)　平成28年10月3日裁決（非公開裁決 TAINS コード：F0-1-682）

　こちらは、個人間の貸付金債権の消滅時効の債務消滅益の計上について、時効援用の時点で、一時所得の収入金額として計上すべきとしています。

(d)　私見と実務的な対応

　以上のように消滅時効による債務消滅益の計上時期については、裁判例上も明確でないところがあります。

　しかし、原則的には、時効の援用により、民事上初めて確定的に債務消滅の効果が生じる以上、時効の援用時点において、収益認識をすることになると考えます。不動産の取得時効において、自己の有利になる援用権を行使した場合にも、その時点で収益認識をするという実務上の考え方（175ページ Question 27参照）と消滅時効の場合を特段区別する根拠もありません。

　ただし、商品の買掛債務等の事業取引上、反復・継続して発生するもの

[12]　裁判例にみる時効をめぐる課税上の争点等257頁―国税不服審判所部長審査官―小林幹雄
[13]　同志社法学58巻4号94頁「時効が課税関係に及ぼす影響」―占部裕典

に関しては、法人税法22条4項の「一般に公正妥当と認められる会計処理の基準」に注意する必要があると考えます。

消滅時効についてのものではありませんが、冠婚葬祭互助会は、会員による月掛金の支払いが中断した後、5年を経過したときは、法人税における所得計算上、前受金とされていた払込済掛金を益金に算入すべきであるとされた裁判例[14]が存在します。

この裁判例は、当該業界において、当時の通産省が上記のように統一的処理をするよう通達を発し（国税庁もそれを受けて通達を発した）、互助会の全国組織であった全日本冠婚葬祭互助会連盟等も、その通達に沿った互助会経理基準を公開しており、互助会業者の間では、これが広く認められていたことや実際にもこのような会員の9割以上が金銭の返還請求等をしてこない実態がある等の詳細な事実認定と評価から、この経理基準に沿った処理が「公正妥当と認められる会計処理の基準」と評価できるものとしています。

このような事業取引上、反復・継続して発生する債務などについて、各業界で一般的に利用されている会計処理基準などが存在する場合には、個別的に注意が必要です。

---

[14] 神戸地判平成14年9月12日税資252号順号9188、大阪高判平成16年5月11日税資254号順号9645。最決平成16年10月14日税資254号順号9779にて不受理で確定。

Question 27　時効により取得した土地の収益計上時期と課税判断

　Xは、1995年4月1日より、登記簿上Yが所有者となっている甲土地上に自己の建物を建設し、甲土地を占有しています。Yの成年後見人から2018年5月1日に甲土地を明渡すように請求を受けました。

　Xは、Yの請求に対して、20年の占有の事実を主張し、2018年6月1日付で、取得時効を援用する旨の通知を行い、同日にYに到達しました。

　Xが取得時効によって、甲土地を取得したことについて、税務上どのように判断すればよいでしょうか。

Answer

　<u>Xが個人の場合：2018年の一時所得</u>
　<u>Xが法人の場合：2018年6月1日の属する事業年度の益金</u>
となるものと考えられます。

● 解　説 ●

(1) 民事上の時効の整理

　民事上の取得時効の要件などの詳細は、18ページをご参照ください。以下では本件おける適用について整理します。

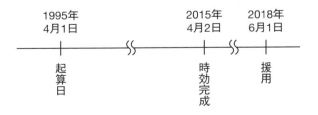

① 時効期間の経過取得時効の要件を満たした占有

まずXは、1995年4月1日より、他人Yの甲土地上に建物を建設していますので、通常「i 所有の意思をもって」「ii 平穏に、かつ、公然」と占有したと評価できますので、取得時効の要件を満たした占有であるといえるでしょう。一方、甲土地は、Xの占有開始時点で、Yの所有物として登記されていたということですので、少なくともXが、甲土地が自己の所有であると信じたことについて無過失であったとは評価できない可能性が高いでしょうから、長期取得時効つまり、占有開始から20年の経過が必要となります。

② 時効の完成猶予・更新事由

時効の完成猶予・更新事由についても、本事例では、裁判所の関与する手続きなどはされていませんので、「催告」があり6ヶ月間時効の完成が猶予されているのか（49ページ参照）という点のみが問題となると考えられます。

本件では、1995年4月1日より占有を開始しており、時効が完成する2015年4月2日（24ページ Question 1参照）より6ヶ月の期間が経過していますのでこちらも特に問題になりません。

③ 時効の援用

Xは、時効の完成以降の2018年6月1日に時効の援用の通知が到達していますので、有効な時効の援用がされたものと評価できます。

したがって、2018年6月1日において、Xは確定的に甲土地の所有権を取得したことになります（74ページ参照）。

④ 民事上の時効の遡及効

時効の効果は、時効の援用の到達があった2018年6月1日から、「起算

日」に遡ることになります（民法144条）。

そして、「起算日」は、起算点を含む日となりますので、占有開始日の1995年4月1日当時から甲土地は、Xの所有物であったと扱われます。

(2) 収益に関する所得分類など

① Xが個人の場合

Xが個人の場合には、取得時効により土地を取得した本ケースでは、甲土地の財産価額（時価）が経済的利益となり、一時所得として、所得税の課税対象となると課税実務・裁判例上も考えられています[15]。

② Xが法人の場合

Xが法人の場合には、取得時効により土地を取得した本ケースでは、甲土地の財産価額（時価）が、益金（法人税法22条2項）となります。

(3) 収益計上時期

収益計上時期について、消滅時効と同様（156、170ページ参照）、①「起算日」（1995年4月1日当時）、②時効の完成時（2015年4月2日の終了時）または③時効の援用時（2018年6月1日）になるのかについては、理論上疑義があります。

この点について、特に取得時効のケースでは、課税実務・裁決例・裁判例ともに、土地の取得は、時効の援用により初めて確定的に効果を生じるという援用の効果から、③時効の援用時に収益を認識するものと考えられています[16]。

民法上の時効の効力は「起算日」に遡及しますが、権利確定主義を前提

---

[15] タックスアンサー No. 1493、東京地判平成4年3月10日税資188号573頁、静岡地判平成8年7月18日税資220号181頁など

[16] タックスアンサー No. 1493、静岡地判平成8年7月18日税資220号181頁など

とする所得課税においては、①と考えることは困難です。一方、Xは②時効が完成すれば、時効の援用が可能であるから無条件に所有権を取得できるので、理論上は消滅時効における債務消滅益の収益計上時期と同様の問題があります（170ページ参照）。しかし、この点が争点となった静岡地判平成8年7月18日は、「実体法上、取得時効の効果は時効期間の経過とともに確定的に生ずるのではなく、時効が援用されたときにはじめて確定的に生ずる、すなわち右援用時に当該資産の所有権を取得するものと解するのが相当である……所得税法36条1項にいう「収入すべき金額」とは、「収入すべき権利の確定した金額」と解すべきところ、取得時効の援用によって、占有者が当該資産につき時効利益を享受する意思が明らかになり、かつ時効取得に伴う一時所得に係る収入金額を具体的に計算することが可能になるのであるから、所得税法上も、時効援用時に時効取得に伴う一時所得に係る収入金額が発生するものと解すべき」としています。

　つまり、時効の援用時（2018年6月1日）において、収益計上をし、その金額についても、その時点における時価ということになります。

Question 28　時効により取得した土地の取得費

　X（個人）は、1995年4月1日より、登記簿上Yが所有者となっている甲土地上に自己の建物を建設し、甲土地を占有しています。Yの成年後見人から2018年5月1日に甲土地を明渡すように請求を受けました。

　Xは、Yの請求に対して、20年の占有の事実を主張し、2018年6月1日付で、取得時効を援用する旨の通知を行い、同日にYに到達しました（Question27と同様の事例）。

　その後Xは、Zに対して甲土地を譲渡しましたが、この際の譲渡所得の計算上、取得費の額はどうなりますか。

Answer

　取得費の額は、2018年6月1日時点の甲土地の時価となると考えられます。

◉ 解 説 ◉

(1) 民事上の時効の整理

　本件における民事上の時効と効果についての詳細は、175ページQuestion 27と同様の事案ですので、そちらをご参照ください。

(2) 時効で取得した財産の取得費

　まず、Xは、2018年6月1日に時効の援用によって、確定的に甲土地の所有権を取得しており、援用時点において、甲土地の価額（時価）が、一時所得の収入金額となります（177ページ参照）。

　この考え方からすると、占有開始時である「起算日」（1995年4月1日当時）や時効の完成時から譲渡までのキャピタルゲイン（値上り益）は、一

1. 民事上の時効が課税判断に与える影響　　*179*

時所得における課税で既に評価されているといえます。したがって、X の譲渡所得に対する課税は、甲土地の時効援用時以降のキャピタルゲインに対してなされるべきものになります。

　つまり、甲土地の取得費の額は、一時所得に係る収入金額（時効援用時の甲土地の価額（時価））ということになります[17]。

---

[17] 同旨の裁判例として、東京地判平成4年3月10日税資188号573頁

Question 29　裁判における時効の予備的な主張と課税判断

　関与先株式会社 Y 社は、株式会社 X 社から『10年ほど前に200万円を貸付けた』という理由で貸付金の返還請求を受け、裁判になりました。Y 社としては、この200万円は商品を販売した対価として受領したものでしたので、裁判では、その債権の存在を争っていました。仮に債権が存在しているとしても、時効期間を経過していますので、予備的な主張として、時効を援用による債務消滅も主張していました。

　この裁判は、最終的に判決となり、「仮に X 社の主張通りであったとしても、債権の存在を判断するまでもなく、時効が完成し、Y 社の援用の意思表示もあることから、X の請求には理由がない」として、Y 社勝訴で終わりました。

　裁判所は、X 社の請求について、債権の消滅時効を根拠に認められないとしていることから、Y 社としては、債務消滅益を計上せざるをえないのでしょうか。

Answer

　課税判断としては、債権が存在したか否かによることになります。このようなケースでは、民事上の裁判と課税判断は、別に考える必要があります。

◉　解　説　◉

(1)　民事上の裁判の予備的な主張

　民事の裁判のルールでは、最終的に当事者間で、具体的な請求権（「訴訟物」）が認められるか否かという点が目標となります。本件のケースでは、X 社の Y 社に対する貸付金の返還請求（消費貸借契約に基づく貸金返

1. 民事上の時効が課税判断に与える影響　　*181*

還請求権）が認められるか否かという点になります。

今回のケースのように、そもそも債権の存在が争いとなっていたとしても、その点については判断をせず、時効の主張を採用することで、裁判が終了するということは実務上、珍しいことではありません。つまり、最終的に具体的な請求権が認められるか否かというところからすれば、「債権が存在しない」という理由であっても、「債権が時効で消滅した」であっても変わらないため、裁判所としては、最終判断に不要な争点への判断までする必要はないと考えるわけです。

（2） 予備的な主張の採用と課税判断

このような判断をされてしまうと、税務上どのように取り扱うかについて、税理士の先生としては悩ましい問題が残ってしまいます。

裁判所が債権の存否について判断することなく予備的な主張を採用したとしても、税法に基づく課税判断では、別に考える必要があります。民事の裁判は、あくまでも当事者（X社とY社）の紛争についての問題であり、税法は納税者（Y社）と国の関係の問題だからです。つまり、債権がそもそも存在したのか否かという点について、証拠関係などから整理した上で、事実認定を行い判断していくことになります。

本件のケースであれば、商品を販売したことがわかる契約書、注文書や金銭を受領したタイミングの近い時期に発行された納品書などから、Y社としては実際に、商品を販売した対価と認定できるということであれば、債務消滅益を計上する必要はありません。

なお、同様の問題は、取得時効の場面でも生じます。取得時効の対象物は、自己の物でも可能と解されています（20ページ参照）ので、「本来は自分の土地なんだけれども、相手に対しては、予備的に取得時効を主張する」ということが可能だからです。

第3章
Q＆A個人所得・法人税編

(3) その他、同様の問題を有する和解

　同様の問題が、判決だけではなく和解交渉の現場でも生じます。理由まで白黒はっきりさせてしまうと当事者の感情やいずれかの会社の内部的な問題で解決が難しいというケースにおいて、「解決金として、30万円支払う」などの和解合意書をご覧になったことがある税理士の先生も多いかと思います。

　このような場合にも、税法の立場からは、この「解決金」は、実態としては何の対価になるのかという点について、事実認定や評価を行い課税判断をしていくことになります。

2.

税務上の時効

Question 30 更正の除斥期間の始期は、事実と異なる経理処理をした事業年度か

　X社は、2013年3月期の未成工事支出金として経理処理をし、2015年3月期において当該未成工事支出金を売上原価として、損金算入しています。2018年11月の税務調査において、当該未成工事支出金のうちの一部について、使途不明金が含まれていたことが判明しました。

　このケースにおける更正の除斥期間は、2013年3月期の法定申告期限の翌日から計算すべきなのか、それとも2015年3月期の法定申告期限の翌日から計算すべきなのでしょうか。

　前者であれば、更正の期間制限により、更正はできないと思いますが、いかがでしょうか。

Answer

　2015年3月期の法定申告期限の翌日から除斥期間を計算することになりますので、更正をする賦課権は消滅していません。

◉ 解 説 ◉

(1) 問題の所在

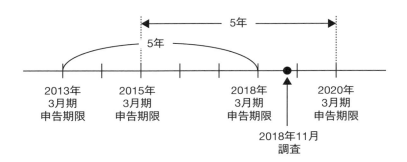

　本件では、2013年3月期に経理処理をした未成工事支出金のうち一部が使途不明金であったということで、事実と異なる経理処理がされています。仮にこの事実と異なる経理処理がなされた事業年度を更正の除斥期間の始期と考えた場合、2018年11月現在において、その法定申告期限翌日から5年の期間が経過していますので、税務署長は更正をすることができないことになります。

　一方で、このような経理処理について誤りがあったとしても、実際に税務上の「損金」としたのは、2015年3月期であることから、こちらを基準とすると2018年11月の時点では、法定申告期限翌日から5年の期間が経過していませんので、更正をすることができるということになります。

(2) 更正の除斥期間の始期は、事実と異なる経理処理をした事業年度か損金に算入した事業年度か

　更正は、あくまでも課税標準や税額等の計算が法律の規定に従っていない時になされる行政処分（通則法24条参照）です。

　未成工事支出金に計上されていたとしても、資産勘定となる未成工事支

出金勘定に計上していた金額は、2013年3月期に損金に算入されていたわけではなく更正の対象とはならなかったものですので、税法上の取扱いが確定するものではないと考えられます[18]。つまり、税務上の申告行為により、更正の対象となり得るのは、2013年3月期における経理処理の誤りではなく、2015年3月期における損金に算入したことということになりますので、除斥期間の始期は、売上原価として税務処理を行った2015年3月期の法定申告期限の翌日と考えることになります。

(3) 結論

2015年3月期の法定申告期限の翌日から除斥期間を計算することになりますので、2018年11月時点において、更正をする賦課権は消滅していないということになります。

---

[18] 東京高判平成6年7月18日、最判平成7年11月9日税資214号380頁等同旨

Question 31　除斥期間経過後における修正申告と簿外現金の受入れ

　X社は、2013年3月期において、500万円の売上計上漏れが発生しており、簿外現金が500万円存在している状態であることが、2019年3月期の申告準備中に発覚しました。

　社長としても驚いており、株主との関係もありますので、簿外現金にしておきたくないという思いも強く、2019年3月期の申告において、前期損益修正として、500万円を受け入れたいと考えています。

　この場合、2013年3月期について修正申告をするのでしょうか。それとも、2019年3月期の益金として扱うべきでしょうか。

Answer

　2013年3月期について修正申告をすることはできませんし、2019年3月期の益金となるわけではありません。

◉ 解 説 ◉

(1) 除斥期間の計算と修正申告の可否

　まず、売上の計上漏れが生じた2013年3月期の法定申告期限の翌日から除斥期間を計算すると、2018年3月期の法定申告期限となる日の満了時点において、通常の更正の除斥期間5年が経過していることになります。したがって、2013年3月期の売上計上漏れについて、偽りその他不正の行為がない限り、課税庁は更正をすることができません。

　そして、更正の除斥期間の経過（及び徴収権の消滅時効の完成）があった場合、修正申告をすることができないと解されているため（133ページQuestion 20参照）、修正申告をすることもできません。

2. 税務上の時効　*187*

(2) 除斥期間が経過した損益についての現事業年度における考え方

本件のように過去の税務処理の誤り（500万円の売上計上漏れ）が、更正の除斥期間内に是正されることがなかった場合に、現事業年度においてどのように扱うべきかという点には、以下の2つの考え方があり、実務は、後者によっていると考えられます[19]。

A説　課税庁が更正をできなくなった以上、過去に更正済みのものとして扱うとする考え方[20]

B説　除斥期間の経過は、当該事業年度の課税標準等又は税額等を今後変動されることはないという点について保証され、未是正の状態を前提にした後年度の課税を許容するという考え方[21]

つまり、A説の考え方では、除斥期間が経過している以上、500万円の売上計上漏れについては、2013年3月期について、増額更正済みであるとみなすということになります。一方、B説の考え方では、2013年3月期の500万円の売上計上漏れについては、今後修正申告や更正などによって変動されることはなく、未是正の状態を前提に後年度の課税判断をすることになります。

(3) 500万円について前期損益修正の税務上の評価

除斥期間の経過した2013年3月期に係る500万円の売上計上漏れについ

---

[19] 武田昌輔（監）「DHC コンメンタール国税通則法」3749頁。なお、筆者の私見については Question 33（192頁）参照
[20] 税経通信97年9月号17頁「更正の期間制限とその後の損益との関係」竹田昌輔
[21] 税務事例研究 vol 41（98年1月号1頁）「除斥期間経過後の前期損益修正等」原一郎

て、前期損益修正をした場合、A説の考え方に立てば、過去に課税済みとみなして利益積立金の受入と評価されるため、2019年の益金となることはありません。また、B説の考え方に立ったとしても、当該500万円について、2019年3月期に生じた収益の額ではないので、益金となることはありません（法人税法22条2項）。

　したがって、本件ではいずれの考えによるとしても、500万円に係る前期損益修正について、課税されるということはありません。

※考え方により違いがでるケースについてはQuestion 33、34参照。

Question 32　除斥期間経過後における架空売掛金と損金算入

　X社は、2013年3月期において、500万円の架空売上げを計上しており、架空売掛金が500万円となっています。2019年3月期の申告において、前期損益修正とし500万円を消却したいと思います。この場合における消却損は損金算入できますか。

Answer

　消却損については、損金に算入することはできません。

◉　解　説　◉

(1)　更正の請求及び減額更正の除斥期間

　まず、架空売上げが計上されている2013年3月期の法定申告期限の翌日から除斥期間を計算すると、2018年3月期の法定申告期限となる日の満了時点において、5年が経過していることになります。したがって、2019年3月期の申告時点では、2013年3月期の架空売上の計上について、Xからの更正の請求も、課税庁の減額更正もすることはできません。

(2)　除斥期間が経過した損益についての現事業年度における考え方

　本件のように過去の税務処理の誤り（500万円の架空売上の計上）が、更正の除斥期間内に是正されることがなかった場合に、現事業年度においてどのように扱うべきかという点には、187ページのQuestion 31で解説した通り次の2つの考え方があり、実務は、後者によっていると考えられます[22]。

---

[22]　武田昌輔（監）「DHCコンメンタール国税通則法」3749頁。なお、筆者の私見についてはQuestion 33（192頁）参照

> A 説　課税庁が更正をできなくなった以上、過去に更正済みのものとして
> 　　　扱うとする考え方[23]

> B 説　除斥期間の経過は、当該事業年度の課税標準等又は税額等を今後変
> 　　　動されることはないという点について保証され、未是正の状態を前
> 　　　提にした後年度の課税を許容するという考え方[24]

　つまり、A 説の考え方では、除斥期間が経過している以上、500万円の架空売上の計上については、2013年3月期について、減額更正済みであるとみなすということになります。一方、B 説の考え方では、単に2013年3月期の500万円の架空売上げ計上については、今後、更正の請求や更正などによって変動されることはなく、未是正の状態を前提に後年度の課税判断をすることになります。

(3) 500万円について前期損益修正の税務上の評価

　除斥期間の経過した2013年3月期に係る500万円の架空売上の計上について、前期損益修正をした場合、A 説の考え方に立てば、既に減額済みとみなされますので、2019年3月期において、損金算入することは当然できません。また、B 説の考え方に立ったとしても、当該500万円について、架空売掛金ですので、債権がそもそも不存在ということで、2019年3月期の損金となる損失と評価できません（法人税法22条3項3号）。

　したがって、本件ではいずれの考えによるとしても、500万円に係る前期損益修正について、損金とすることはできません。

※考え方により違いでがでるケースについては Question 33、34参照。

----

[23] 既出の税経通信97年9月号17頁
[24] 既出の税務事例研究 vol 41 （98年1月号1頁）

Question 33　除斥期間経過後の取得費の誤りと譲渡損益

　X社は、2011年3月期中において、1,000万円で建物を取得し、勘違いにより全額損金算入してしまったようですが、2019年3月期中、同建物を650万円で売却しているようです。

　この場合、税務処理上、650万円の譲渡益とすることになるのか、それとも、本来の未消却残額である700万円を原価として、50万円の譲渡損と考えるのでしょうか。

Answer

　実務上、650万円の譲渡益となるという考え方が有力です。

◉ 解 説 ◉

(1) 更正の除斥期間

　まず、X社は、2011年3月期において、誤って建物取得費1,000万円を全額損金算入しています。2019年3月期の申告時点では、更正の除斥期間が経過していることは明らかですので、2011年の取得費の全額損金算入に対して、課税庁は更正をすることはできません。

　そして、更正の除斥期間の経過（及び徴収権の消滅時効の完成）があった場合、修正申告をすることができないと解されているため（133ページQuestion 20参照）、修正申告をすることもできません。

(2) 除斥期間が経過した損益についての現事業年度における考え方

　本件のように過去の税務処理の誤り（取得費全額1,000万円の損金算入）が、更正の除斥期間内に是正することがされなかった場合に、現事業年度

においてどのように扱うべきかという点には、既出の通り以下の2つの考え方があり、実務上は、後者によっていると考えられます[25]。

A説　課税庁が更正をできなくなった以上、過去に更正済みのものとして扱うとする考え方[26]

B説　除斥期間の経過は、当該事業年度の課税標準等又は税額等を今後変動されることはないという点について保証され、未是正の状態を前提にした後年度の課税を許容するという考え方[27]

---

(3) 650万円の譲渡益か50万円の譲渡損か

①　A説の考え方

　この考え方を前提とすると、除斥期間が経過している以上、取得費全額1,000万円の損金算入については、2011年3月期について更正済みであるとみなすということになります。つまり、2011年3月期については、仮に更正がされていれば、2019年3月期の売却時における未消却残額700万円が、譲渡原価となるため、50万円の譲渡損と考えるということです。

②　B説の考え方

　この考え方を前提とすると、除斥期間が経過している以上、単に2011年3月期の取得費全額1,000万円の損金算入については、今後、更正や修正申告などによって変動されることはないことになります。つまり、2011年3月期の1,000万円損金算入については、未是正のままの除斥期間

---

[25] 武田昌輔（監）「DHC コンメンタール国税通則法」3749頁
[26] 既出の税経通信97年9月号17頁
[27] 既出の税務研究事例 vol 41（98年1月号1頁）

を経過している以上、未是正を前提として、その後の年度の課税をすることになりますので、650万円の譲渡益と考えることになります。

③　いずれの考え方が妥当なのか

　A説とB説について、いずれかの判断をした直接的な裁判例等は見当たりません。ただし、判例[28]の中には、法人税法上は繰越欠損金が認められる期間のものであったとしても、過去の事業年度に係る更正の除斥期間が経過している以上、減額更正はできないとしたものがあり、B説を前提に考えられているようです。

　筆者の私見は、B説が妥当なものと考えます。

　誤りを含むとはいえ確定申告によりその範囲で納税義務は確定しています。特別な法律の規定がない以上、A説のような、除斥期間の経過によりその確定された納税義務の範囲を変動させる正しい更正がされたとみなす効果が生じる根拠はないと考えられるからです。

---

[28] 最判平成元年4月13日税資170号14頁

Question 34　長期間にわたる従業員の横領と損害賠償請求権の計上と貸倒損失

　X社の2018年10月の税務調査において、経理を担当する従業員による不正が発覚しました。調査したところ、2005年3月期から税務調査時点まで、毎期外注費という名目で300万円ずつ横領されていることがわかりました。この従業員には、損害額全額について、弁護士を立てて、損害賠償請求をする予定ですが、正直なところ回収は困難ではないかとも考えています。

　この損害賠償請求権の益金計上の時期とその後の貸倒れについて教えてください。

Answer

　益金計上の時期は、原則として横領がされていた事業年度となります。そして、貸倒れに関しては、更正の除斥期間が経過した事業年度に対応する部分については、損金とすることができないと考えられます。

◉ 解 説 ◉

(1) 従業員の横領等があった場合の税務処理

　まず、架空外注費は、外注費としてX社が支出したものではないため費用の額（法人税法22条3項2号）には該当しませんが、従業員の横領行為により、架空外注費相当額の損害が生じた事業年度（横領行為があった時）の損失（法人税法22条3項3号）として、損金の額となりますので、損金の額について現状のままで問題ありません。

　問題は、損失が生じた時点で、X社は従業員に対して損害賠償請求権を有していることになりますが、どの時点で益金計上をすることになるの

2. 税務上の時効　*195*

かという点になります。

①　損害賠償請求権の益金計上時期の考え方

　学説上は、同時両建説（損失と同時に計上）と異時両建説（損害賠償請求をした事業年度に計上等）と争いがありますが、従業員の横領事案では、東京高判平成21年2月18日[29]が、実務上の判断基準となっています。

○東京高判平成21年2月18日（【　】の挿入と下線：筆者）

　本件のような【従業員が架空外注費を計上して会社の金員を詐取した事例】不法行為による損害賠償請求権については、通常、損失が発生した時には損害賠償請求権も発生・確定しているから、これらを同時に損金と益金とに計上するのが原則であると考えられる（不法行為による損失の発生と損害賠償請求権の発生・確定はいわば表裏の関係にあるといえるのである。）。

　もっとも、本件のような不法行為による損害賠償請求権については、例えば加害者を知ることが困難であるとか、権利内容を把握することが困難なため、直ちには権利行使（権利の実現）を期待することができないような場合があり得るところである。このような場合には、権利（損害賠償請求権）が法的には発生しているといえるが、未だ権利実現の可能性を客観的に認識することができるとはいえないといえるから、当該事業年度の益金に計上すべきであるとはいえないというべきである。

　つまり、原則として、民事上の考え方を重視し、損失と同時に損害賠償請求権を益金計上し、例外として直ちには権利行使（権利の実現）を期待することができないと評価できる場合であれば、同時ではないこともあり

---

[29] 訟月56巻5号1644頁（その後、最決平成21年7月10日（税資259号順号11243）上告不受理で確定）

得るとしたわけです。

　ただし、この判決の事案でもそうでしたが、従業員の金銭の詐取や横領の事案では、この例外的な場合にあたるというのはかなり特殊なケースであると考えてよいでしょう。

　なぜならば、自社の金銭について、自社の従業員が行っていることですので、相当巧妙になされたものでなければ、決算期などにおいて会計資料として保管されている請求書や振込依頼書等をチェックすれば、見つけることができたと評価されてしまうケースがほとんどだからです。

　つまり、本件でも、事実認定と評価の問題となりますが、損失が出た事業年度（横領があった事業年度）にそれぞれ、損害賠償請求権が益金となる可能性が高いでしょう。

② 通達（法基通2-1-43）との関係

　このように解説すると次の通達との関係について税理士の先生からご質問をいただくことも多いのです。

法人税基本通達2-1-43（下線：筆者）

（損害賠償金等の帰属の時期）

2-1-43　他の者から支払を受ける損害賠償金（債務の履行遅滞による損害金を含む。以下2-1-43において同じ。）の額は、その支払を受けるべきことが確定した日の属する事業年度の益金の額に算入するのであるが、法人がその損害賠償金の額について実際に支払を受けた日の属する事業年度の益金の額に算入している場合には、これを認める。（昭55年直法2-8「六」により追加、平12年課法2-7「二」、平23年課法2-17「四」により改正）

（注）……省略……

---

2. 税務上の時効　　197

しかし、この通達は、下線部分で「他の者から」とされています。役員や従業員の不正の場合は、この「他の者」ではないということで、この通達が想定している場面とは異なるとされています。上記の裁判例もこの点に触れられています。

○**東京高判平成21年2月18日**

　法人税基本通達2-1-43が、「他の者から……」と規定し、損失の計上時期と益金としての損害賠償金請求権の計上時期を切り離す運用を認めているのも、基本的には、第三者による不法行為等に基づく損害賠償請求権については、その行使を期待することが困難な事例が往々にしてみられることに着目した趣旨のものであると解するのが相当である。

---

③　貸倒損失との関係

　以上より、従業員が横領などにより、会社の金銭を不正取得したケースによる損害賠償請求権は、各不正があった事業年度の「益金」となり、貸倒れの判断は、元従業員への損害賠償請求をして、貸倒れの要件を別途充足した場合に、貸倒損失とするという処理をすることになります。

　したがって、一般論としては、X社は、各事業年度において、益金計上をする修正申告をし（または課税庁に更正され）、従業員に対して損害賠償請求をし、回収できなければ貸倒損失とするということになります。

　ただし、本件のような長期間に渡る横領の事案では、賦課権の除斥期間の関係を考慮する必要があります。

(2) 更正の除斥期間との関係

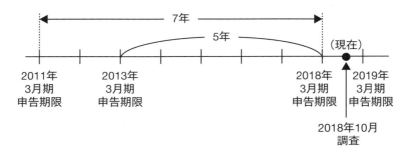

① 更正の除斥期間

本件では、2005年3月期から2018年3月期までに毎期300万円ずつ横領されています。

更正の除斥期間は、各事業年度の法定申告期限の翌日から5年[30]（「偽りその他不正の行為」とされた場合には7年）となります。

現時点が2018年10月とし、通常の除斥期間5年を前提とすると、2005年から2013年3月期までについては、更正されることはありません（なお、修正申告も不可。133ページ参照）。また、「偽りその他不正の行為」とされたとして除斥期間が7年のケースでは、2005年から2011年3月期までは、更正されることはありません（従業員等による不正経理が「偽りその他不正の行為」とされるかについては93ページ参照）。

② 貸倒損失との関係

一方で、貸倒損失において、この除斥期間を経過し更正をすることができない事業年度に対応する損害賠償請求権について、貸倒損失とすることができるかという点について問題があります。

---

[30] 厳密には、2011年12月2日前に法定申告期限が到来した国税については、増額更正の除斥期間3年ですが、計算に影響を及ぼしません。

過去の税務処理の誤り（損害賠償請求権の益金計上漏れ）が、更正の除斥期間内に是正されることがなかった場合に、現事業年度においてどのように扱うべきかという点には、既出の通り、以下の2つの考え方があり、実務上は、後者によっていると考えられます[31]。

A説　課税庁が更正をできなくなった以上、過去に更正済みのものとして
　　　扱うとする考え方[32]

B説　除斥期間の経過は、当該事業年度の課税標準等又は税額等を今後変
　　　動されることはないという点について保証され、未是正の状態を前
　　　提にした後年度の課税を許容するという考え方[33]

　実務の考え方や私見[34]では、B説により、既に更正の除斥期間を経過した事業年度に係る申告を是正することはできず、その期間において発生した損害賠償債権は未是正な状態（債権として計上されていない）として扱われることになるため、この期間においては、貸倒損失とすることはできないと考えられます。

---

[31] 武田昌輔（監）「DHC コンメンタール国税通則法」3749頁
[32] 既出の税経通信97年9月号17頁
[33] 既出の税務事例研究 vol 41（98年1月号1頁）
[34] Question 33（192頁）参照

Question 35　法人税の純損失等の除斥期間の整理

　法人税の純損失等の金額についての更正等の除斥期間について、混乱が生じることがありますので、整理させてください。7年前の法人税申告の所得金額に誤りがあるケースで場合分けをするとどのようになるでしょうか。

Answer

　7年前の実際に行われた法人税申告と本来すべきであった申告の所得金額を仮定した上で、以下整理します。

◉ 解 説 ◉

(1) 法人税の純損失等の除斥期間

　法人税の純損失等の金額についての更正の除斥期間は、法定申告期限の翌日から10年とされています（89ページ参照）。

(2) 通常の更正の除斥期間（脱税等の場合を除く）と7年前の申告の関係

① 7年前の申告所得額：−200、本来あるべき申告所得額：−300のケース

　このケースでは、課税庁は、誤りのある差額100について、10年の除斥期間内であれば、減額更正をすることができます。また、減額更正ですので、同期間内で納税者から更正の請求をすることも可能です（通則法23条1項柱書括弧書）。

2. 税務上の時効　　*201*

② 7年前の申告所得額：－200、本来あるべき申告所得額：－100
のケース

このケースでは、課税庁は、誤りのある差額100について、10年の除斥
期間内であれば、増額更正をすることができます。

③ 7年前の申告所得額：－200、本来あるべき申告所得額：＋200
のケース

このケースでは、誤りのある差額400ということになり、課税庁は増額
更正を検討することになります。

しかし、法人税の純損失等の除斥期間は、その名の通り「純損失」に関
して、通常の除斥期間の延長を認めるものです。したがって、＋200の部
分は、純損失等になる金額ではありませんので、課税庁がこの部分につい
て更正を行う場合、通常の更正の除斥期間内に行う必要があります。

したがって、7年前の申告についての増額更正は、－200とされている部
分を「0」とすることが可能というのみです。

(3) 偽りその他不正の行為がある場合

「偽りその他不正の行為」がある場合には、更正の除斥期間は法定申告
期限の翌日から7年間となります（91ページ参照）。そして、上記③のケー
スにおける＋200の部分についても、その事業年度の法定申告期限の翌日
から7年以内ということであれば、純損失を「0」とするにとどまらず、
増額更正ができるということになります。

第3章
Q＆A個人所得・法人税編

第4章

Q & A
贈与・相続編

1.

贈与・相続における
民事上の時効

　贈与・相続においては、第1章で解説した民事上の時効に関する特有の問題や民事上の時効が贈与税・相続税に与える影響、また税務上の時効についても特有の問題が存在します。

　本章では、この贈与・相続における特有の問題や税理士の先生からご相談いただくことがある事項をQ&A形式で解説します。

　まず、本節においては、上記のうち第1章で解説した民事上の時効に関する特有の問題やご相談に関連して、贈与・相続における民事上の時効について解説します。

Question 36　贈与契約における所有権移転登記請求権の時効

　Xは、Yから2005年3月31日付で甲不動産の贈与を受ける単純贈与契約を締結しました。しかし、2018年9月現在まで、甲不動産の移転登記はされていません。Yに相続が発生すると何かと面倒なことにもなりかねないと思っていますので、Yが健在である今のうちに登記をしておきたいと考えています。

　この移転登記をするためには、Xの協力が必要だと思います。所有権の移転登記手続きを請求する権利ですが、これは既に時効にかかっており、Yが時効の援用をすれば、請求できないということになるのでしょうか。

Answer

　贈与契約に基づく債権的な請求権については、消滅時効が完成していますが、所有権に基づく所有権移転登記手続請求権には、消滅時効の適用がありませんので、所有権に基づき請求が可能です。

◉ 解 説 ◉

(1) 贈与契約に基づく債権の消滅時効

　まず、XとYは、2005年3月31日付で単純贈与契約をしていますので、不動産の所有権自体は、同日付でYからXに移転しています。

　この贈与契約に基づくXのYに対する所有権移転登記手続請求権自体は、債権になりますので、消滅時効の適用があります。

　そして、民事上の時効の起算点は、2005年3月31日となりますので、時効期間の計算は、2005年4月1日から10年（一般民事債権）を経過した時、つまり2015年3月31日の満了時（2015年4月1日午前0時）に時効が完

1. 贈与・相続における民事上の時効　　205

成します（時効計算のルールは24ページ Question 1参照）。

　なお、この事案では、2020年4月1日より前の時点の契約ですので、旧民法が適用になり、時効期間は10年です。2020年4月1日以降の贈与契約の場合には、5年ということになります（12ページ参照）。

（2）所有権と消滅時効

　（1）の通り、XのYに対する贈与契約に基づく所有権移転登記手続請求権については、消滅時効が完成していますので、ご質問の通り、Yが時効を援用すれば、消滅することになります。

　しかし、このケースにおけるXのYに対する所有権移転登記手続請求は、贈与契約を根拠に請求するという方法のみではなく、Xの2005年3月31日に取得した所有権に基づいても請求することができます。これは、物権的請求権などと呼ばれる請求権です。

　つまり、所有権に基づく所有権移転登記手続請求が可能となります。

　そして、所有権は、消滅時効の対象とはなりません（旧民法167条、新民法166条2項反対解釈）ので、所有権に基づく所有権移転登記手続請求権も消滅時効により消滅しないことになります。

（3）結論

　XからYに対して、所有権に基づく所有権移転登記手続請求（具体的には登記書類などの作成や申請に協力させること）をした際に、Yが消滅時効を援用することでこれを拒むことはできません。

　なお、不動産の管理状況などによっては、この状態を20年以上継続していると、Yの所有権の取得時効などを相続人から主張等をされるおそれがあります。Xとしては、Yが健在のうちに、手続をすべきなのは間違いありません。

Question 37　遺産分割と消滅時効

　Xは、2009年4月に他界したのですが、2019年5月現在において、相続人であるA、B、Cで、遺産分割協議などは成立していない状況です。このたび、Aの相続対策を行うことになったのですが、その前提として、Xの相続財産をどのようにするかを決めなくてはなりません。

　Aとしては、B及びCに対して、遺産分割請求をしようと考えていますが、この請求は、消滅時効などにかからないのでしょうか。

Answer

　遺産分割請求権は、消滅時効の対象にはなりません（相続財産回復請求権との違いは、210ページQuestion 38参照）。

◉ 解 説 ◉

(1) 遺産分割請求権

① 遺産分割の効力

　遺産分割は、被相続人Xが死亡時に有していた財産（遺産）について、個々の相続財産の権利者を確定させる手続きです。本件のような共同相続の場合には、相続財産が各相続人の相続分に応じて、共同相続人の共有ないし準共有になっている（遺産共有、民法898条）ため、個々の相続財産について各相続人の単独所有にする等、終局的な帰属を確定させるために行われることになります。そして、遺産分割がなされると対象財産については、相続開始時（X死亡時）である2009年4月に遡及して、その効力が生じます（民法909条）。つまり、Xの遺産に不動産が含まれ、それをAの単独所有とする遺産分割がなされれば、その不動産の所有権は、2009年4月当時からAの単独所有であったことになります[1]。これが通常の共有

1. 贈与・相続における民事上の時効　　*207*

物の分割をする共有物分割請求（民法256条）との大きな違いです。

②　遺産分割の対象財産

遺産分割は、相続により発生した共有（遺産共有）を解消させるためのものであるため、遺産分割の対象となる財産は、共有または準共有となるものに限られます。預貯金債権は、最決平成28年12月19日[2]の判例変更により準共有とされ、遺産分割の対象とされました。なお、当判例変更によっても、被相続人Xが特定の誰かに金銭を貸し付けていた場合の貸付金債権等の金銭債権は、従来通り、各相続人A、B、Cに相続分に従い個別に承継されることになります。

ただし、実務上は、相続人全員の合意があれば、合意の対象とすることができるとされていますので、預貯金以外の金銭債権も遺産分割協議書の中に記載されることが通常の取り扱いとなっています[3]。

(2)　遺産分割請求権の消滅時効

遺産分割をすることを請求する権利について、明文上期間制限はありません。

学説上は、この請求権の性質として、共同相続人に具体的に分割しなければならない法律関係を生じさせるということから、形成権の一種である[4]とする見解と所有権（遺産共有持分権）に基づく請求権の一種と捉える見解[5]の対立があります。

ただし、いずれの見解に立ったとしても、遺産分割請求については、消滅時効に服さないと解されています。

------

[1] なお、果実等は別です。
[2] 民集70巻8号2121頁
[3] 厳密な法理論上は、代償金（債権）等と同様に解されることになるでしょう。
[4] 形成権は消滅時効に馴染まないという理由で、消滅時効はないとします。
[5] 所有権は消滅時効に服さないという理由で、消滅時効はないとします（206頁参照）。

(3) まとめ

したがって、AのB及びCに対する遺産分割請求権は、消滅時効には服さないことになります。ただし、本件とは異なる事案における相続分回復請求権については消滅時効の適用がある場合もありますので、注意が必要です（210ページ Question 38参照）。

なお、一部報道[6]では、所在不明の不動産問題を解消するため、法務省が遺産分割協議の期限を相続開始10年に限定する民法改正案を、2020年の通常国会に提出するとの情報もありますので、今後の動向については注意が必要でしょう。

----

[6] 日本経済新聞電子版2018年9月29日

Question 38　相続回復請求権と遺産分割請求権の消滅時効

　Xは、2010年4月に他界しました。2019年5月現在において、相続人A、Bによる遺産分割協議などは成立していないと聞いています。しかし、Xのほとんど唯一の遺産である甲不動産については、B名義で単独登記されています。

　登記手続きには、遺産分割協議書等にAの実印と印鑑証明書が必要かと思いますが、Aはそのような手続きをしたことはないということです。AとBは、2013年末まで同居していました。Aは、Bが勝手に実印と印鑑証明書を利用して、それらの書類を偽造したのではないかと予想しています。同居解消の原因は、AがBにこの登記について問いただしたところ、関係性が悪化したことによるようです。

　Aの予想が真実であるとして、AがBに対して法定相続分について、不動産の取得などを主張するためには、相続回復請求をすることになるのでしょうか。

　その場合、相続回復請求権には5年の消滅時効があると聞きましたが、すでに請求はできないのでしょうか。

Answer

　相続回復請求権の消滅時効は適用にならず、消滅時効の適用のない遺産分割請求や法定相続分による更正登記手続請求等をすることができます。

◉　解　説　◉

（1）相続回復請求権と消滅時効

　相続回復請求権（民法884条）というもの自体の法的性質は、現在の実

務でも明確に定まっていない状況ですが、この相続回復請求権なるもの
は、相続人の請求権を基礎付けるものではなく、消滅時効による制限をす
るものとされています。

> **（相続回復請求権）**
> 民法第884条　相続回復の請求権は、相続人又はその法定代理人が相続権
> を侵害された事実を知った時から5年間行使しないときは、時効によっ
> て消滅する。相続開始の時から20年を経過したときも、同様とする。

(2) 消滅時効の援用の制限

　本件のケースですと、Aは遅くとも2013年末の時点で、相続権の侵害
を認識していますので、5年の消滅時効期間が経過しているようにも思わ
れます。

　しかし、判例[7]は、共同相続人間で、相続回復請求権の時効の援用をす
るには、相続権を侵害している共同相続人が、以下の要件を主張・立証し
なければならないとしています。

> ①相続権侵害の開始時点において、他に共同相続人がいることを知らな
> 　かったこと
> 　かつ
> ②これを知らなかったことに合理的な事由があったこと

　本件では、Bは、Aが共同相続人であることを認識しており、これら
の事由を立証できないことになりますので、時効の援用ができません。

---

[7] 最判平成11年7月19日民集53巻6号1138頁

(3) 遺産分割請求権等の行使

したがって、A は、期間の制限なく通常の遺産分割の請求をすることが可能ということになります（207ページ Question 37参照）。また、遺産分割前であっても、法定相続分による共有持分を有していますので、登記の更正手続請求等をすることも可能です。

なお、特に共同相続人間において相続回復請求権の消滅時効が問題になるケースは、判例の要件があるため、実務上ほとんどないといえるでしょう。

Question 39　共同相続人の1人に対する消滅時効の更新(中断)など

　Xは、被相続人Yに対して、600万円の貸付金債権を有していました。その後、Yが他界し、その配偶者A、子B、Cが相続人となっています。Yの相続開始後、Xは、Aから定期的に返済を受けており、合計で200万円の返済を受けました。この返済により、B及びCに対しても、債務の承認による時効の更新（中断）がされているという理解でよろしいでしょうか。

Answer

　子B及びCに対する関係においては、時効の更新（中断）の効力は、生じていません。つまり、Xは、時効期間経過後にB、Cが時効を援用すれば、B、Cに対しては、請求できないこととなります。

◉ 解 説 ◉

(1) 相続による金銭債務の承継と債務承認

　Yに相続が発生したことにより、YのXに対する500万円の金銭債務がどうなるのかという点について、金銭債務は、相続の開始と同時に法律上当然に分割され、相続人がそれぞれの相続分に応じて負債を引き継ぎます[8]。

　Xは、法定相続分に従い、A：300万円、B：150万円、C：150万円の各金銭債権を有している状態となります。

　つまり、A、B、Cの債務は、分割された各自の債務ということになりますので、Aの返済による債務承認は、当然Aの相続した300万円の債

---

[8] 最判昭和34年6月19日民集13巻6号757頁等参照

1．贈与・相続における民事上の時効　　213

務（現在は200万円返済済みですので、100万円）に関してのみ時効の更新（中断）の効果が生じることになります。

　したがって、Xとしては、Aの返済を受けているからと安心し、B及びCが承継した150万円について、完成猶予・更新（中断）措置を怠っていれば、消滅時効が成立してしまうことになります。

(2) 遺言や遺産分割との関係

　Yが遺言により負担付きの特定財産について相続させる旨の遺言、相続分の指定をしていた場合やABC間の遺産分割により、債務の負担割合を定めたとしても、債権者であるXが同意をしていたケースでなければ、その効果をXに主張できません。遺言や遺産分割はY（A、B、C）側で負担割合等を決めるもので、それにより債権者が誰に債権を請求できるのかが決まるというのはおかしいからです。

　裏を返せば、Xもそのような同意（免責的債務引受等）をしていなければ、債務承認による時効の更新（中断）を主張できないということになります。

Question 40 相続があった場合の取得時効期間等の取扱い

Question 8（42ページ）によって、所有権の取得時効の対象となる占有では、前主の占有期間を通算することも、自身の固有の占有のみを主張することもできると分かりました。これは、相続の場合も同様でしょうか。

被相続人 X、相続人 A というケースで、A が取得時効を主張する場合、X の占有期間を通算して主張しても、A 固有の占有期間のみで主張してもよいという理解でよろしいでしょうか。

Answer

A は、被相続人 X の占有期間を通算して取得時効を主張することも、固有の占有期間のみで取得時効を主張することも可能と解されています。ただし、相続という性質上、固有の占有を主張する場合には注意が必要です。

◉ 解 説 ◉

（1）相続人は被相続人の占有を承継するか

42ページ Question 8でも解説した通り、「占有者の承継人は、その選択に従い、自己の占有のみを主張し、又は自己の占有に前の占有者の占有を併せて主張することができる。」（民法187条1項）とされています。

この「承継」に、相続を含めて考え、A は X の占有期間も合わせて主張することができるのかという点について、判例[9]は、包括承継である相続も含まれるとしています。

----

[9] 最判昭和37年5月18日民集16巻5号1073頁

1. 贈与・相続における民事上の時効　　*215*

この承継を認めないとすると時効制度の趣旨（永続する事実状態の尊重や権利の上に眠る者は保護しない等）が、相続という偶発的な事情により全うできなくなりますので、この点は妥当かと思います。

　したがって、Aは、被相続人Yの占有期間も通算して、取得時効を主張することが可能です。なお、Question 8で解説した通り、この占有の承継を主張する場合には、「瑕疵をも」承継することになります。

(2) Aは固有の占有のみを主張できるか

　相続は、包括承継であることから、被相続人の占有を離れて、独自の占有を主張できないとも考えられるところです。つまりは、被相続人の占有に「瑕疵」があるケース等で、相続人のみ瑕疵のない占有を主張するのはおかしいのではないかということです。

　しかし、上記の判例は、民法187条1項の適用される「承継」に包括承継を含むと解釈される以上、相続人Aの固有の占有も主張できるとしています。

(3) Xが他主占有の場合、Aは自主占有を主張できるのか

　取得時効の対象となる占有は、「所有の意思」を有する自主占有である必要があります（19ページ参照）。

　前述の通り、Aが自己の固有の占有を主張できるとしても、被相続人Xの占有が他主占有の場合には、包括承継である以上、何かしらの根拠により自己の占有が自主占有に変化したことを主張・立証する必要があると考えられます。

（占有の性質の変更）

民法第185条　権原の性質上占有者に所有の意思がないものとされる場合には、その占有者が、自己に占有をさせた者に対して所有の意思がある

ことを表示し、又は新たな権原により更に所有の意思をもって占有を始めるのでなければ、占有の性質は、変わらない。

　この点について、なぜ相続が「新たな権原」といえるのかの根拠は必ずしも明らかではありませんが、判例[10]は、①被相続人の死亡により、相続財産の占有を承継したばかりでなく、新たに相続財産を事実上支配することによつて占有を開始し、②その占有に所有の意思があるとみられる場合においては、被相続人の占有が所有の意思のないものであつたときでも、相続人は民法185条にいう「新たな権原」により所有の意思をもつて占有を始めたものというべきであるとしています。

　この②の「所有の意思がある」といえるためには、相続人Aが相続によって所有権を取得したと信じていることはもちろん、所有者に時効の完成猶予・更新（中断）措置の機会を与えるために、客観的・外形的に認識できるものである必要があると解されています。具体的には、収益（果実等）の収受、固定資産税の負担や所有権移転登記の求めなどになります。そして、これらの事実は、Aが主張立証しなければならないとされています。

---

[10] 最判平成8年11月12日民集50巻10号2591頁

1. 贈与・相続における民事上の時効　　*217*

Question 41　共同相続人1名の取得時効の援用の可否とその効果

　被相続人 X は、生前他人の土地である甲土地を自己の所有物として20年以上占有し、取得時効が成立していましたが、取得時効の援用をすることなく死亡しました。X の相続人は、子 A と B の2名です。

　この場合、A は、単独で時効の援用をすることができるのでしょうか。また、それをした場合、時効の援用の効果としては、A の相続分に応じて他人と共有になるのでしょうか。それとも、甲土地全部が A と B の共有になるのでしょうか。

Answer

　A は、単独で時効の援用をすることができます。ただし、単独による援用の場合には、甲土地すべてではなく、相続分に応じた甲土地の共有持分を A が取得することになります。

◉ 解　説 ◉

(1) 共同相続人1名の時効援用の可否

　被相続人 X の生前に取得時効が完成した（取得時効の要件については18ページ参照）が、時効の援用はされていないということを前提とすると、この時効の援用権（援用権を行使することができる地位）は、相続人の共有となるのか、それとも単独行使が可能なのかという点に疑問があります。

　この点、判例[11]は、民法上、時効の援用には制限がないこと等を理由に、共同相続人は各自独立して援用権を行使することができるとしています。

----

[11]　大判大正8年6月24日民録25輯1095頁

第4章
Q & A 贈与・相続編

つまり、A単独による時効の援用自体は認められるものと考えられます。

(2) 援用できる範囲

　Aが単独で時効の援用をすることができるとしても、その援用の効果は、甲土地すべてに及ぶのかAの相続分の範囲にのみ及ぶのかについては、別途考えなければなりません。

　この点について、判例[12]は、時効の援用は自己が直接に利益を受ける限度で援用できると解するべきであるから、遺産分割協議で全部の取得が合意された場合等を除き、共同相続人は、自己の相続分の限度においてのみ援用できるとしています。

　つまり、Aが単独で時効の援用をすれば、Aの相続分の限度（遺言等がなく法定相続分であれば、2分の1）において効果が生じ、Aは、甲不動産の2分の1の共有持分を取得しますが、残りの共有持分2分の1は、Bが援用をしない限り、他人が有するままということになります。

---

[12] 最判平成13年7月10日判タ1073号143頁

Question 42　遺留分侵害額請求権の消滅時効と除斥期間

　Xは、2019年7月1日に他界しました。相続人は、子A、Bの2名です。XとBは、Xの生前、同居をしていました。次の場合、時効等の関係で、Aは遺留分侵害額請求権を行使することが可能でしょうか。

① 「Bに全ての財産を相続させる」旨の自筆証書遺言が存在し、2020年9月1日に検認手続がなされ、Aはその際に初めて遺言の内容を知った。

② Aは、Xの生前より、Bに対して財産の贈与をしていたことは知っていたが、相続財産の全容が不明だったため、遺留分侵害額請求権を行使することなく2020年9月1日になってしまっている。

③ Aは、X及びBと不仲であったこともあり、Xの死後も相続手続き等を放置していたが、2030年4月1日に、Xの生前にXからBに対して全ての財産が贈与されていたことを知った。

Answer

① 遺留分侵害額請求をすることは可能です。

② 遺留分侵害額請求をすることは可能です。

③ 遺留分侵害額請求をすることはできません。

● 解　説 ●

(1) 遺留分制度と改正相続法

　「遺留分侵害額請求権」という言葉は、聞きなれない方も多いでしょう。2019年7月1日以降に発生した相続について、相続法（民法の相続分野）の改正により、従来の「遺留分減殺請求」の性質等が変更になるため、新たな呼称として利用されるものです。

現在の遺留分制度は、相続人の最低限の生活保障や共同相続人間の公平を維持すること等を目的として、各相続人に、被相続人の行為（遺言等）によっても、侵害できない一定の財産領域（遺留分）を認めるものです。

　相続人となれば、最低限保障される領域と考えていただければわかりやすいでしょう。

　平成30年の相続法改正前の民法では、遺留分を侵害された相続人が遺留分減殺請求権を行使すると、物権的な効力つまり侵害の限度で、各財産について共有持分権が生じる効力があると解されてきました。したがって、減殺の対象となった財産の現物返還が原則とされ、例外的に価額弁償が認められるという仕組みになっていました。

　しかし、遺留分減殺請求がなされ、財産が共有の状態になるというのは煩雑です。事業承継の場面をイメージするとわかりやすいですが、事業用財産や株式が共有ないし準共有状態となれば、事業の円滑な遂行を阻害してしまいます。

　そこで、今回の相続法改正後（2019年7月1日以降に生じた相続に適用）は、これを遺留分侵害額請求権に改め、侵害された遺留分については、金銭請求をすることができるものとされたわけです。

　なお、その他、重要な改正として、遺留分算定基礎財産に含まれる共同相続人への生前贈与（特別受益）などの期間制限などがありますが、その点は、第5章で詳しく解説します（302ページ Question 60 参照）。

(2) 遺留分侵害額請求と消滅時効、除斥期間

　遺留分侵害額請求自体は、従前と同様一種の形成権と解されており、法律で特別な時効などの定めがあります。なお、遺留分侵害額請求権自体（遺留分侵害額請求の意思表示）は形成権ですが、一度行使されれば、遺留分侵害額に相当する金銭を請求できる金銭債権が生じることになります。

> **（遺留分侵害額請求権の期間の制限）**
> 新民法第1048条　遺留分侵害額の請求権は、遺留分権利者が、相続の開始
> 　及び遺留分を侵害する贈与又は遺贈があったことを知った時から1年間
> 　行使しないときは、時効によって消滅する。相続開始の時から10年を経
> 　過したときも、同様とする。

　この条文は、旧民法の1042条の表現を他の改正と合わせて修正したものであり、内容の変更はありません。

①　1年の消滅時効

　1年の消滅時効の起算点は、遺留分権利者が相続の開始及び贈与又は遺贈があったこと知っていることだけではなく、その贈与または遺贈が「遺留分を侵害するものであったことを知った時」となります。

②　10年の除斥期間

　相続開始の時から10年を経過するときも消滅することを定めた後段の期間制限は、消滅時効ではなく除斥期間（消滅時効と除斥期間の違いは、17ページ参照）と解されています。

　以下、各事例の中で要件を検討します。

（3）各ケースの検討

①　相続開始から1年経過後に遺言の内容を知ったケース

　Ａは、Ｘの相続開始（2019年7月1日）から1年経過後の2020年9月1日に遺留分侵害をしている遺言の内容を知っています。

　したがって、2020年9月1日が起算点となりますので、2021年9月1日の終了時点（2021年9月2日の午前0時）まで、遺留分侵害額請求権の行使が

可能です。

　なお、「相続させる」旨の遺言であっても、遺留分の消滅時効に関しては、遺贈と同様に考えて問題ありません。

②　相続開始から1年経過後に遺留分侵害の事実を知ったケース

　Aは、Xの生前より、Bに対して財産の贈与をしていたことは知っていたということですので、遺留分権利者が相続の開始及び贈与又は遺贈があったことを知ったのは、Xの相続が開始された2019年7月1日ということになります。

　しかし、相続財産の全容が不明である場合には、その贈与又は遺贈が「遺留分を侵害するものであったことを知った」とは評価できないと考えられます。遺留分は相続財産額からその侵害の有無を判断するものであるからです（具体的な計算方法は、302ページ参照）。

　したがって、2020年9月1日現在においても、遺留分侵害額請求権の行使は可能であると考えられます。

③　相続開始から10年経過したケース

　Aは、2030年4月1日に、Xの生前にXからBに対して全ての財産が贈与されていたことを知っていますが、Xの相続が開始された2019年7月1日から10年が経過してしまっていますので、10年の除斥期間により、遺留分侵害額請求権は行使できません。

(4) その他、実務上の留意点

　「知った」か否かの判断は、事案によりどの程度の認識が必要かについて、裁判例によっても幅があるところです。

　したがって、時効期間が1年と短期であることもあり、実務上は、遺留分侵害の可能性を認識した時点で、早期に遺留分侵害額請求の意思表示の

1. 贈与・相続における民事上の時効　　223

みでも行うことになります。なお、意思表示の方法に法律上の制限はありませんが、後日の紛争に備えて、内容証明郵便など意思表示の事実が証明できる形で行うことが通例です。

2.

民事上の時効が贈与税・相続税の課税判断に与える影響

　本節では、民事上の時効が、贈与税・相続税の課税判断に与える影響について Q&A 形式で解説します。

　特に、消滅時効と取得時効双方において、相続税申告における相続財産性、財産評価、更正の請求の可否などについて大きな影響を及ぼします。また、債権の消滅時効と相続税の判断については、明確な裁判例や裁決例が存在しないものの、実務上ご相談をいただくことが多いところですので、私見を交えながら解説します。

Question 43　取得時効と相続財産性①
～相続開始前に時効の完成と時効の援用があるケース～

　被相続人Ｘは、登記簿上甲土地を所有していましたが、生前甲土地を長年占有していたＹから所有権移転登記手続きを求める訴訟提起がされました。

　その裁判において、ＹからＸに対して「時効が完成していることを理由に時効の援用」がなされたようですが、取得時効の要件について争いになっていました。

　その裁判中に、Ｘに相続が発生しました。Ｘの相続人であるＡの相続税申告について、甲土地はどのように扱うことになるのでしょうか。

　裁判を引継いだＡとしても、Ｘの意思を継いで、徹底的に争う姿勢であるということでしたが、申告後、取得時効が認められてしまったケースを考えるとどのようにすべきか悩んでいます。

Answer

　まず、Ａは甲土地を相続財産であるとして申告をすることになります。仮に裁判で敗訴した（Ｙの取得時効の援用が認められた）場合には、相続開始前に時効の完成及び時効の援用があった本ケースであれば、更正の請求をすることができます。

● 解　説 ●

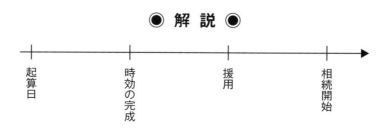

(1) 取得時効と対象財産の所有権

仮に、Yの取得時効の援用が認められた場合、民事上、Yは起算日（占有開始日）に遡って、甲土地の所有者であることになる一方で、Xは同日から所有権を有していなかったことになります（3ページ参照）。

一方で、相続税法上の財産の認識（「取得」）としては、①「起算日」、②時効の完成時または③時効の援用時になるのかについては、理論上疑義があるところです。この点について、裁判例や裁決[13]は、取得時効における一時所得と同様[14]に、時効の援用により時効による権利の得喪の効果が確定的に生じることを根拠に、相続税法上も時効の援用時を基準に、判断するものとしています。

本件では、Xの相続開始前に時効の援用が行われているため、遅くとも相続開始前に甲不動産は、Yの所有であったものとされることになります。そうすると、仮にYの取得時効の援用が認められる場合には、Aの相続税申告において、甲不動産を相続財産とする必要はないことになります。

しかし、本件では、Yの取得時効の要件充足性について争いがあり、Aも徹底的に争う姿勢ということですので、結果としてYの取得時効が認められるかは定かではありません。したがって、申告時点においては、甲不動産をXの相続財産として申告することになるでしょう。

(2) 判決が出た場合

① Aの勝訴判決の場合

Yの取得時効の主張は認められなかったこととなりますので、甲不動産は、Xの相続財産として、Aが取得しています。つまり、当初申告の通り、ということです。

---

[13] 大阪高判平成14年7月25日税資252号9167頁
[14] Question 27（175頁）参照

② Aの敗訴判決の場合

　Yの取得時効の主張が認められた場合には、甲不動産は相続税法上も時効の援用の時点でYの所有物であり、相続開始時点のXの財産ではなかったことになりますので、Aの相続税申告においても相続財産に含めるべきではなかったものとなります。

(3) 敗訴した場合の更正の請求

　この場合には、Aの申告において、甲土地を相続財産としたことに誤りがあったということになりますので、法定申告期限の翌日から5年以内であれば、通常の更正の請求（通則法23条1項）をすることになります。

　仮に通常の更正の請求期間が過ぎてしまった場合であっても、通則法23条2項1号の後発事由や相続税法に特別に定められた更正の請求事由に該当する（110ページ、114ページ参照）と考えられますので、その除斥期間内であれば、更正の請求が可能です。

Question 44　取得時効と相続財産性②
～相続開始後に時効の完成と時効の援用があるケース～

被相続人Xは、2017年3月1日に他界しました。Xは、登記簿上甲土地を所有していたため、相続人Aの相続税申告では、甲土地を相続財産として申告しています。

その後、2019年5月1日にYからAに対して、甲不動産の取得時効を原因とする所有権移転手続きを求める訴訟が提起されました。

Yは、1999年3月31日から甲土地を継続して占有していることを理由とし、2019年6月1日の第1回期日で時効の援用をしました。Aとしては、Xが使用貸借していたと考えており、相続時からそのうちなんとかしようと思いつつ、放置していました。

最終的に判決では、Yの長期取得時効が認められ、Aが敗訴し、甲土地を失うことになりましたが、この場合、Aの相続税申告について、甲土地が相続財産に含まれないことを理由として、更正の請求をすることができるのでしょうか。

Answer

相続開始後に時効の完成と時効の援用がある本件では、更正の請求は認められないものと考えられます。

● 解　説 ●

(1) 民事上の時効と事案整理

まず、Yは、1999年3月31日から甲土地を継続して占有していることを理由として、取得時効の援用をし、判決では長期取得時効が認められています。

時効の完成は、1999年4月1日から20年経過時の2019年3月31日の満了時（2019年4月1日の午前0時）ということになります。

そして、民事上の時効の効果は、占有開始時に遡ることになります（3ページ参照）ので、Yは、1999年3月31日より、甲不動産を所有していたことになります。整理すると前ページの図のようになります。

つまり、相続開始後に時効の完成と時効の援用があるケースということです。

(2) 更正の請求の可否

相続税法上の財産の認識として、X及びAが甲不動産の財産を喪失した時期が①「起算日」（1999年3月31日当時）、②時効の完成時（2019年3月31日の終了時）または③時効の援用時（2019年6月1日）になるのかについては、理論上疑義があります。仮に民事上の効果と同様に①と考えると、2017年3月1日の相続開始時点において、Xは甲土地を保有していないことになるため、「申告書に記載した課税標準等若しくは税額等の計算が国税に関する法律の規定に従つていなかつたこと又は当該計算に誤りがあつたこと」として通常の更正の請求（通則法23条1項）が認められることになるかと思われます（通常の更正の請求については106ページ参照）。

この点、通常の更正の請求についての裁判例等は存在しません。しかし、後発的事由（通則法23条2項1号）の該当性が争われた裁判例[15]において、「時効制度は、その期間継続した事実関係をそのまま保護するために

---

[15] 大阪高判平成14年7月25日税資252号順号9167

私法上の効力を起算日まで遡及させたものであり、他方、租税法においては、所得、取得等の概念について経済活動の観点からの検討も必要であって、これを同様に解さなければならない必然性があるものとはいえない」としており、所得課税における一時所得の場合と同様（175ページ Question 27参照）に、時効の援用により、初めて X または A は、所有権を失う以上、相続税法上も起算日を基準に相続財産該当性を判断すべきではないと考えられます。つまり、相続開始時点で、時効の完成・援用がされていない場合、相続税法上は相続開始時の財産とされるため、通常の更正の要件である「法律の規定に従っていなかったこと又は当該計算に誤りがあったこと」とはいえないことになります。

　また、上記の裁判例にもある通り、相続税法上、相続開始時点において、甲不動産は、被相続人 X のものであったとされることから、通則法23条2項1号の後発的事由や相続税法に特別に定められた更正の請求事由にも該当しないことになります。

(3) 結論

　本件では、通常の更正の請求も後発的事由に基づく更正の請求もできないと考えられます。

　なお、時効の完成自体も相続開始後のケースですと、相続人は、時効の完成猶予・更新（中断）措置をとることができたということになりますので、時効の完成を防ぐ機会があったことから、実質的にも更正の請求が認められないのも、やむを得ないと考えます。

Question 45　取得時効と相続財産性③
～相続開始前に時効の完成があり、相続開始後に時効の援用があるケース～

　被相続人Ｘは、2017年3月1日に他界しました。Ｘは、登記簿上甲土地を所有していたため、相続人Ａの相続税申告では、甲土地を相続財産として申告しています。

　その後、2019年5月1日にＹからＡに対して、甲不動産の取得時効を原因とする所有権移転手続きを求める訴訟が提起されました。

　Ｙは、1990年3月31日から甲土地を継続して占有していることを理由とし、2019年6月1日の第1回期日で時効の援用をしました。Ａとしては、Ｘが使用貸借していたと考えており驚いていました。

　最終的に判決では、Ｙの長期取得時効が認められ、Ａが敗訴し、甲土地を失うことになりましたが、この場合、Ａの相続税申告について、甲土地が相続財産に含まれないことを理由として、更正の請求をすることができるのでしょうか。

Answer

　相続開始前に時効の完成がある一方、相続開始後に時効の援用がある本件では、甲土地は、相続税法上の相続財産には含まれるものの、その財産評価について、更正の請求が認められるものと考えられます。

● 解 説 ●

(1) 民事上の時効と事案整理

　まず、Yは、1990年3月31日から甲土地を継続して占有していることを理由として、取得時効の援用をし、判決では長期取得時効が認められています。

　時効の完成は、1990年4月1日から20年経過時の2010年3月31日の満了時（2010年4月1日の午前0時）ということになります。

　そして、民事上の時効の効果は、占有開始時に遡ることになります（3ページ参照）ので、Yは、1990年3月31日より、甲不動産を所有していたことになります。整理すると上図のようになります。

　つまり、相続開始前に時効の完成がある一方、相続開始後に時効の援用があるケースといえます。

(2) 更正の請求の可否

　相続税法上の財産の認識として、X及びAが甲不動産の財産を喪失した時期が①「起算日」（1990年4月1日当時）、②時効の完成時（2010年3月31日の終了時）または③時効の援用時（2019年6月1日）になるのかについては、理論上疑義があります。

　相続税法上の財産の認識としては、③時効の援用時を基準に判断するのは、229ページQuestion 44の通りです。したがって、Aはこのケースにおいても、「相続財産に該当しないこと」を理由に更正の請求ができるわ

けでありません。

　しかし、本ケースでは、時効の完成が相続開始前になっており、Question 44と異なり、A は相続開始後（甲土地の所有権取得後）に完成猶予・更新（中断）措置を講じたとしても、Y から時効の援用を受ければ A は甲土地の所有権を失うことになります。このような甲土地が相続財産になるとしても、その財産の評価における時価（相続税法22条）が Question 44と同様に完全な所有権を前提として考えることは妥当ではないと思われます。財産評価基本通達1の(3)において、「評価に当たっては、その財産の価額に影響を及ぼすべきすべての事情を考慮する。」とされていることからも、瑕疵のある所有権として、その財産評価を「0」と判断し、更正の請求が認められると考えられます。裁決[16]においても、後発的事由に基づく更正の請求（通則法23条2項1号）についてになりますが、同旨の判断がなされています。

(3) 結論

　A の当初申告において、甲土地自体を相続財産としたことに誤りはありませんが、完全な所有権として時価を評価したことに誤りがあったといえますので、法定申告期限の翌日から5年以内であれば、通常の更正の請求（通則法23条1項）をすることになります。

　仮に通常の更正の請求期間が過ぎてしまった場合であっても、通則法23条2項1号の後発事由に該当することになると考えられますので、判決確定の翌日から2ヶ月以内であれば、後発的事由に基づく更正の請求が可能ということになります。

----

[16] 平成19年11月1日裁決　国税不服審判所裁決事例集 No. 74 1頁

第4章
Q & A 贈与・相続編

Question 46　債権の消滅時効と相続財産性①
～相続開始前に時効の完成と時効の援用があるケース～

被相続人Xは、生前Yに対して貸付金債権1,000万円を有していました。

Xは、唯一の相続人であるAに迷惑をかけたくないという理由で、生前にこの債権を回収しようと決意し、Yに対して訴訟を提起しました。

この裁判において、YがXに対して「消滅時効が完成しているとして、時効の援用」がなされたようです。一方Xは、Yの債務の承認（時効の更新（中断事由））があったとして、時効は完成していないものとして争っていました。

その裁判中に、Xに相続が発生しました。Xの相続人であるAの相続税申告について、この債権はどのように扱うことになるのでしょうか。

裁判を引継いだAとしても、Xの意思を継いで、徹底的に争う姿勢であるということでしたが、申告後、消滅時効が認めれてしまったケースを考えるとどのようにすべきか悩んでいます。

Answer

まず、Aは貸付金債権を相続財産であるとして申告をすることになります。仮に裁判で敗訴（Yの消滅時効の援用が認められた）した場合には、相続開始前に時効の完成及び時効の援用があった本ケースであれば、更正の請求をすることができると考えます。

◉　解　説　◉

本件は、債権の消滅時効も226ページQuestion 43の取得時効のケースと同様に考えてよいかという問題となります。債権の消滅時効と相続税の関係については、裁決や裁判例も存在しません。しかし、税理士の先生からご相談いただくことが特に多いため、私見を含む形で解説します。

2. 民事上の時効が贈与税・相続税の課税判断に与える影響　　255

(1) 消滅時効と債権の存否

　民事上は、Yの消滅時効の援用が認められた場合、貸付金債権は起算日に遡って消滅していることになります（3ページ参照）。

　一方で、相続税法上の財産の認識（「取得した」）としては、①「起算日」、②時効の完成時または③時効の援用時になるのかについて、理論上疑義があるところです。この点について、債権の消滅時効に関して直接的な裁判例等はないものの、時効の援用により、時効による債権の消滅が確定的に生じていますので、相続税法上は、時効の援用時を基準に判断することになると考えられます（240ページ参照）。

　本件では、Xの相続開始前に時効の援用が行われているため、遅くとも相続開始前に貸付金債権は消滅していることになります。そうすると、Yの消滅時効の援用が認められる場合には、Aの相続税申告において、貸付金債権を相続財産とする必要はないことになります。

　しかし、本件では、時効の更新（中断）事由について争いがあり、Aも徹底的に争う姿勢ということですので、結果としてYの消滅時効による援用が認められるかは定かではありません。したがって、申告時点においては、貸付金債権をXの相続財産として申告することになるでしょう。

(2) 判決が出た場合
①　Aの勝訴判決の場合

　Yの消滅時効の主張は認められなかったこととなりますので、貸付金債権は、Xの相続により、Aが取得しています。つまり、当初申告の通り、ということです。

② Aの敗訴判決の場合

Yの消滅時効の主張が認められた場合には、貸付金債権は遅くとも時効の援用の時点で、消滅しており、相続開始時点のXの財産ではなかったことになりますので、Aの相続税申告においても相続財産に含めるべきではなかったものとなります。

(3) 敗訴した場合の更正の請求

この場合には、Aの申告において、貸付金債権を相続財産としたことに誤りがあったということになりますので、法定申告期限の翌日から5年以内であれば、通常の更正の請求（通則法23条1項）をすることになります。仮に通常の更正の請求期間が過ぎてしまった場合であっても、通則法23条2項1号の後発的事由に該当することになると考えられますので、判決確定の翌日から2ヶ月以内であれば、後発的事由に基づく更正の請求が可能です。

なお、消滅時効の援用により、債権が消滅した場合には、元本のみならず、利息も消滅する（3ページ参照）ことから財産評価基本通達で評価した全額について更正の請求が可能です。

Question 47　債権の消滅時効と相続財産性②
～相続開始後に時効の完成と時効の援用があるケース～

　被相続人Ｘは、2017年3月1日に他界しました。Ｘは、Ｙに対する1,000万円の貸付金債権を有していました。相続人Ａの相続税申告では、この貸付金債権を相続財産として申告しています。なお、この債権は、個人的に貸付たものであり、ＸとＹの事業などに関連するものではないようです。

　その後、Ａは、債権を回収するため、2019年5月1日にＡからＹに対して、訴訟を提起しました。

　Ｙは、Ｘに対して、当該貸付金債権の弁済期は2008年3月31日であることから、消滅時効が成立しているとして、2019年6月1日の第1回期日で時効の援用をしました。

　最終的に判決では、Ｙの消滅時効の援用が認められ、Ａが敗訴し、貸付金債権の回収はできませんでした。この場合、Ａの相続税申告について、貸付金債権が相続財産に含まれないことを理由として、更正の請求をすることができるのでしょうか。

Answer

　相続開始後に時効の完成と時効の援用がある本件では、更正の請求は認められません。

◉　解　説　◉

　本件は、債権の消滅時効も229ページQuestion 44の取得時効のケースと同様に考えてよいかという問題となります。債権の消滅時効と相続税の関係については、裁決や裁判例も存在しません。しかし、税理士の先生からご相談いただくことが特に多いため、私見を含む形で解説します。

(1) 民事上の時効と事案整理

まず、Yは、当該貸付金債権の弁済期は、2008年3月31日であることを理由として、消滅時効の援用をし、判決では認められています。

今回の債権の時効期間は、2020年4月1日前の契約に基づく債権ですので旧民法の適用があり、かつ事業と関連のない貸付金債権ですので、時効期間は一般民事債権として、10年となります（新旧民法の適用関係及び債権の種類による時効期間は第1章を参照）。なお、新民法が適用されるケースでは、5年となります。

時効の完成は、2008年4月1日から10年経過時の2018年3月31日の満了時（2018年4月1日の午前0時）ということになります。

そして、民事上の時効の効果は、時効の起算点を含む日（起算日）に遡ることになります（3ページ参照）ので、当該貸付金債権は、2008年3月31日より、消滅していたことになり、整理すると上図のようになります。

つまり、相続開始後に時効の完成と時効の援用があるケースということになります。

(2) 更正の請求の可否

相続税法上の財産の認識として、貸付金債権が消滅した時期が①「起算日」（2008年3月31日当時）、②時効の完成時（2018年3月31日の終了時）または③時効の援用時（2019年6月1日）になるのかについては、理論上疑義があります。仮に①と考えると、2017年3月1日の相続開始時点において、

Xは債権を有していなかったことになるため、「申告書に記載した課税標準等若しくは税額等の計算が国税に関する法律の規定に従つていなかつたこと又は当該計算に誤りがあつたこと」として通常の更正の請求（通則法23条1項）が認められることになるかと思われます（通常の更正の請求については106ページ参照）。

しかし、相続税法における相続財産の認識について、取得時効と消滅時効を別に解する合理的な理由は特にありません（229ページ Question 44参照）。また、実務上は特に事業用の売掛金等ではない債権の消滅時効による債務消滅益は、実務上一時所得として扱われていること（164ページ Question 25参照）からも、同様に解すべきだと考えられます。

相続税法上も、民事上の遡及効から起算日を基準に相続財産該当性を判断すべきではなく、時効の援用により確定的に債権消滅の効果が生じることから、③の時点で判断されることになると考えられます。

(3) 結論

本件では、Question 44と同様の理由で、消滅時効を理由として、通常の更正の請求も後発的事由に基づく更正の請求もできないと考えられます。

なお、この結論は、時効の完成自体も相続開始後のケースですと、相続人は、時効の完成猶予・更新（中断）措置をとることができたということになりますので、時効の完成を防ぐ機会があったことから、実質的にも更正の請求が認められないのも、やむを得ないと考えます。

Question 48　債権の消滅時効と相続財産性③

〜相続開始前に時効の完成があり、相続開始後に時効の援用があるケース〜

　被相続人 X は、2017年3月1日に他界しました。X は、Y に対する1,000万円の貸付金債権を有していました。相続人 A の相続税申告では、この貸付金債権を相続財産として申告しています。なお、この債権は、個人的に貸付けたものであり、X と Y の事業などに関連するものではないようです。

　その後、A は、債権を回収するため、2019年5月1日に A から Y に対して、訴訟を提起しました。

　Y は、当該貸付金債権の弁済期は、2006年3月31日であることから、消滅時効が成立しているとして、2019年6月1日の第1回期日で時効の援用をしました。

　最終的に判決では、Y の消滅時効の援用が認められ、A が敗訴し、貸付金債権の回収はできませんでした。この場合、A の相続税申告について、貸付金債権が相続財産に含まれないことを理由として、更正の請求をすることができるのでしょうか。

Answer

　相続開始前に時効の完成がある一方、相続開始後に時効の援用がある本件では、貸付金債権自体は相続税法上の相続財産となりますが、その財産評価について、更正の請求が認められるものと考えます。

◉ 解 説 ◉

　本件は、債権の消滅時効も232ページ Question 45の取得時効のケースと同様に考えてよいかという問題となります。債権の消滅時効と相続税の

2. 民事上の時効が贈与税・相続税の課税判断に与える影響　*241*

関係については、裁決や裁判例も存在しません。しかし、税理士の先生からご相談いただくことが特に多いため、私見を含む形で解説します。

(1) 民事上の時効と事案整理

まず、Y は、当該貸付金債権の弁済期は、2006年3月31日であることを理由として、消滅時効の援用をし、判決では認められています。

今回の債権の時効期間は、2020年4月1日前の契約に基づく債権ですので旧民法の適用があり、かつ事業と関連のない貸付金債権ですので、時効期間は一般民事債権として、10年となります（新旧民法の適用関係及び債権の種類による時効期間は第1章を参照）。なお、新民法が適用されるケースでは、5年となります。

時効の完成は、2006年4月1日から10年経過時の2016年3月31日の満了時（2016年4月1日の午前0時）ということになります。

そして、民事上の時効の効果は、時効の起算点を含む日（起算日）に遡ることになります（74ページ参照）ので、当該貸付金債権は、2006年3月31日より、消滅していたことになり、整理すると上図のようになります。

つまり、相続開始前に時効の完成がある一方、相続開始後に時効の援用があるケースといえます。

(2) 更正の請求の可否

相続税法上の財産の認識として、貸付金債権が消滅した時期が①「起算日」（2006年3月31日当時）、②時効の完成時（2016年3月31日の終了時）ま

たは③時効の援用時（2019年6月1日）になるのかについては、理論上疑義があります。

相続税法上の財産の認識としては、③時効の援用時を基準に判断すべきなのは、238ページQuestion 47の通りです。したがって、Aはこのケースにおいても、「相続財産に該当しないこと」を理由に更正の請求ができるわけでありません。

しかし、本ケースでは、時効の完成が相続開始前になっており、Question 47と異なり、Aは相続開始後（貸付金債権取得後）に完成猶予・更新（中断）措置を講じたとしても、Yから時効の援用を受ければ債権が消滅してしまうため、完全な債権を取得できたとは評価できないのは取得時効のQuestion 45と同様です。

裁決や裁判例などがあるわけではなく、私見になりますが、相続税法上、このような貸付金債権が相続財産になるとしても、その財産の評価における時価（相続税法22条）をQuestion 45同様に完全な債権であることを前提として評価することは妥当でないと考えます。

財産評価基本通達1の(3)においても、「評価に当たっては、その財産の価額に影響を及ぼすべきすべての事情を考慮する。」とされていることからも、相続開始時点において、Yに消滅時効を援用されてしまえば消滅する債権であったことから、その財産評価を「0」と判断し、更正の請求が認められると考えます。

(3) 結論

私見にはなりますが、Aの当初申告において、貸付金債権自体を相続財産としたことに誤りはありませんが、完全な債権として時価を評価したことに誤りがあったといえますので、法定申告期限の翌日から5年以内であれば、通常の更正の請求（通則法23条1項）をすることになります。仮に通常の更正の請求期間が過ぎてしまった場合であっても、通則法23条2

項1号の後発的事由に該当することになると考えられますので、判決確定の翌日から2ヶ月以内であれば、後発的事由に基づく更正の請求が可能ということになります。

| Column | 相続税と民事上の時効のまとめ

民事上の取得時効、消滅時効と相続税との関係について、Question 43～47を整理し、まとめると以下の通りとなります。

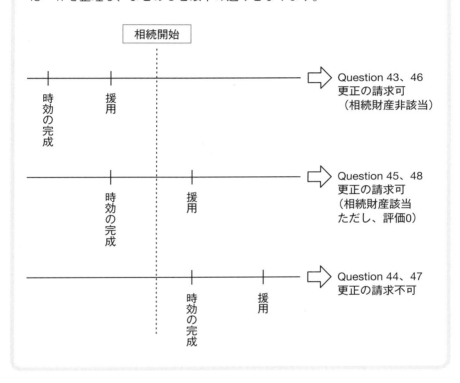

3.

贈与税・相続税の
税務上の時効

　本節では、贈与税や相続税における税務上の時効、主に贈与税や相続税について更正、決定等の賦課権の除斥期間が経過しているのかという点についてQ&A形式で解説します。

　特に贈与税においては、無申告のまま除斥期間が経過したと考えていても、実際に贈与の事実が認定できなければ、除斥期間の計算は開始されませんし、その後の相続税の対象となるのかという議論もでてきます。

　また、連帯納付義務と税務上の時効の関係や未分割財産の分割がなされた場合の更正の請求の除斥期間などについて、税理士の先生からご相談いただくことが多い部分についても解説します。

Question 49　第三者による弁済と贈与税の賦課権の除斥期間

　Xは、息子Aが第三者に対して負っている借入金債務600万円を2011年4月1日に代わりに弁済しました。

　2018年10月現在において、贈与税の決定等の賦課権は消滅しているという認識でよろしいでしょうか。

Answer

　XがAの債務を代わりに弁済したというのみでは、みなし贈与には該当しません。事実認定の問題になりますが、みなし贈与とならない場合には、どの時点で求償権の債務免除があったかにより、賦課権の消滅時期が異なることになります。

◉ 解 説 ◉

(1) 賦課権の除斥期間との関係

　本件では、2011年4月1日に第三者弁済をしているということを、贈与税の対象行為であると考えると、法定申告期限の翌日（2012年3月16日）から6年後の2018年3月15日に課税庁による決定等の賦課権は消滅していることになります。

(2) 第三者弁済とみなし贈与

①　第三者弁済と法律関係

　本件のように、本来の債務者Aに代わって、債務者でない者Xが債権者に弁済をすると第三者弁済となります（民法474条）。

　そして、第三者弁済をすると、弁済者Xは、本来の債務者であるAに対して、求償する権利を有することになります。

3. 贈与税・相続税の税務上の時効　*247*

したがって、本件においても、Xが第三者弁済をしたという事実のみでは、Aの債権者に対する債務は消滅したが、AのXに対する求償債務になっているという関係になります。

② 求償権の消滅とみなし贈与

　相続税法8条のみなし贈与の規定では、「対価を支払わないで、又は著しく低い価額の対価で債務の免除、引受け又は第三者のためにする債務の弁済による利益を受けた場合」と定められていますので、第三者弁済があると、この条項の適用があるようにも思えます。しかし、あくまでも「利益を受けた場合」とされています。上記①のとおり、AはXに対して求償債務を負うことになりますので、第三者弁済のみですと「利益を受けた場合」とは評価できないため、この時点でみなし贈与行為があったとはいえないことになります。

　つまり、別途求償権の免除の意思表示等があったと認定できなければ、みなし贈与にはならず、求償権が残ったままということになります。

(3) 注意点

　本件では、2011年4月1日におけるXの第三者弁済行為時点において、Xは求償権を放棄する趣旨であったのか否かが除斥期間との関係で重要となります。XとAが親子であることを考えると、XはAに対して求償しない趣旨であったと認定できる可能性はあります。また、Xが第三者弁済後に一度もAに求償権を行使しようとしていないことなども第三者弁済時点で、求償権を放棄する趣旨であっと推認できるところです。

　実際にXやAにどのような意図で第三者弁済がなされたのか確認し、互いにXがAに求償権を行使することはないという前提であったということであれば、相互の認識について確認書を作成する等の対策をしてもよいと思われます。

Question 50　贈与の有無及び時期と賦課権の除斥期間

　個人Xは、個人Aから2010年12月1日にある財産の贈与を受けたといっています。現在2019年8月1日ですので、Xの言う通りであれば、贈与税の賦課権は除斥期間により消滅しており、更正をされることはないと思います。

　これからXに詳細を確認しますが、贈与契約の有無や内容と除斥期間計算の関係を教えてください。

Answer

　贈与契約についての法務及び税務の一般的な理解と除斥期間の関係を以下で解説します。

◉　解　説　◉

(1)　民法上の贈与契約

①　贈与契約の成立要件

まず、贈与契約の成立要件は、民法549条に規定されています。

> **（贈与）**
> 民法第549条　贈与は、当事者の一方が自己の財産を無償で相手方に与える意思を表示し、相手方が受諾をすることによって、その効力を生ずる。

つまり、以下の2つが成立要件ということになります。

①　贈与者の財産を無償で与える意思表示

3. 贈与税・相続税の税務上の時効　　249

> ② 受贈者の①を受諾する意思表示

　この2つの要件を満たすのであれば、口頭であっても贈与契約の成立自体は認められます。

　しかし、契約である以上、遺言と異なり、両者の意思表示の合致が必要となります。例えば、親が子供名義の銀行口座を管理しているという状況で、親が独断で、親の口座から子供名義の口座に入金していたというケースでは、その入金した財産は、名義預金になり、親の財産のままということになるので注意が必要です。

　また、理論上は、口頭でも贈与契約は成立しますが、贈与契約をする場合、後に贈与の有無等について、紛争（税務上のものも含む）を起こさないように、事前対策として、しっかりと契約書を締結しておくということが重要です。生前贈与の有無が問題になった事案おいて、贈与契約書がないということは、贈与の事実をも否定する一つの事情となり得るとされた裁判例[17]も存在します。

② 書面によらない贈与

　贈与契約書の作成の重要性は、贈与の事実があったか否かにおける証拠としても非常に重要ですが、特に贈与契約では、書面による贈与と書面によらない贈与では、その効果も異なります。

　民法上は、停止条件や期限が付されていない限り、贈与契約の成立と同時に所有権は贈与者（A）から受贈者（X）に移転する（民法176条）ことになります。一方、書面によらない贈与の場合には、各当事者は、「履行の終わった部分」を除いて、いつでも撤回または解除[18]することができます（民法550条）。

---

[17] 東京高判平成21年4月16日税資259号順号11182
[18] 民法の改正により「撤回」が「解除」という表現になります。

第4章
Q＆A贈与・相続編

つまり、今回、Xがいくら贈与を受けたと主張し、口頭ではその通りであったとしても、引渡し（や登記手続き）などがされていなければ、「履行の終わった部分」とは評価できず、Aに撤回または解除をされてしまうことになります。

　したがって、本件でも、まずはXとAの贈与契約書の有無を確認してください。

(2) 贈与税の納税義務の成立時期と賦課権の除斥期間

① 贈与税の納税義務の成立時期

　民法上は、前述の通り、口頭であったとしても、贈与契約の成立時点で、所有権は移転します。

　しかし、贈与税の課税対象になるか否かは、税法特有の観点から判断されます。つまり、贈与による「財産の取得の時」（通則法15条2項5号）が納税義務の成立時期とされ、この「取得」は、相続税法2条の2の「取得」の解釈になります。

　これまで、多くの事例で、この「取得」の時期について裁判等で争われてきましたが、原則的には以下の通りとなっています（相基通1の3・1の4共－8）。

○書面による贈与→契約（贈与）の効力が発生したとき

○書面によらない贈与→履行の時

　書面によらない贈与の場合には、履行があるまでは、撤回または解除できてしまうので、財産の移転という贈与の効果は不確実な状態です。したがって、納税義務の成立時の「取得の時」の解釈としては、書面による贈与と異なり、その履行により、受贈者が贈与された財産を自己の財産として、現実に支配管理し、自由に処分することができる状態になった時とさ

れます[19]。

　なお、課税実務では、「所有権等の移転の登記又は登録の目的となる財産について1の3・1の4共−8の（2）の取扱いにより贈与の時期を判定する場合において、その贈与の時期が明確でないときは、特に反証のない限りその登記又は登録があった時に贈与があったものとして取り扱うものとする。〜以下省略〜」（相基通1の3・1の4共−11）とされています。

②　本件ケースの賦課権の除斥期間

a）贈与契約書等がある場合

　この場合には、停止条件や期限が付されていなければ、贈与の成立時期である2010年12月1日の法定申告期限の翌日（2011年3月16日）の6年後である2017年3月15日の終了時点において、課税庁の更正、決定等の賦課権は消滅していることになります。

b）書面によらない場合

　この場合には、課税庁の更正、決定等の賦課権は、実際に引渡しや登記手続き等の履行があった時の法定申告期限の翌日から6年ということになります。

　履行がなされていないということですと、未だ納税義務が成立していないことから、賦課権の除斥期間は進行しません。

（3）贈与契約書が存在しても、上記の取扱いにならない場合

　上記の原則的な取扱いは、あくまでもその贈与契約が有効なものとして扱われることを想定しています。

　つまり、実態として贈与契約書の内容通りの贈与契約の成立要件である意思表示の合致がない場合や通謀虚偽表示（民法94条）等の有効要件を欠

---

[19] 東京高判平成21年11月19日税資259号順号11319など

く場合には、異なる判断がされるケースがありますので、注意が必要です。

　この典型的な事例については、Question 51、52で取扱います。

Question 51 贈与契約書の記載通りに賦課権の除斥期間が計算されない場合

　個人Ｘ（父）と個人Ｙ（子）は、2010年4月1日付けの贈与契約書において、甲不動産について、贈与契約書（効力発生も同日）を作成しました。

　ＸとＹは当該贈与について、贈与税の申告もせず、長期間所有権移転登記などもしていませんでしたが、2018年4月1日に所有権移転登記をしたようです。なお、甲不動産の利用状況も2010年4月1日前後で変化はなくＸが利用しています。

　2019年5月現在において、Ｙに贈与税について税務調査が入ったということで、私（税理士）のところに突然相談がありました。贈与契約書の日付からすると無申告に対する決定などは、除斥期間により消滅しているとも思えるのですが、いかがでしょうか。

　Ｙは、「7年経過すれば、贈与税がかからないと聞いた。むしろそのために契約書を作成した当初から登記をする予定はなかった。次は、登記をしないと相続税がかかるという話も聞いたので、このタイミングで登記をした」と言って、私が何を言っても譲りませんので、調査の立会い等はお断りしようと思っています。ただし、しっかりとした説明はする必要があると思いますので、除斥期間により賦課権が消滅しない場合には、その理由を教えてください。

Answer

　本件の事案では、贈与契約書の記載の効力発生日に実態がなく、少なくとも効力発生日については、形式的に記載したに過ぎず、所有権移転登記をした時点で贈与契約の効力が発生し、2018年4月1日の法定申告期限の翌日から除斥期間が計算されることになる可能性が高い

と考えられます。

● 解 説 ●

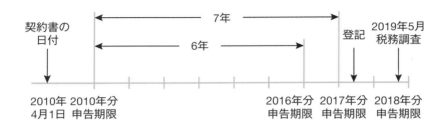

(1) 贈与契約書を前提とする除斥期間

　贈与契約書等の書面による贈与の場合、原則として、「財産の取得の時」は、契約の効力が発生した時となります（249ページ Question 50参照）ので、本件の贈与契約書を前提とすると2010年4月1日の贈与税申告の法定申告期限の翌日である2011年3月16日から計算することになります。

　贈与税の賦課権の除斥期間は、6年（脱税の場合：7年）であり、2017年3月15日（脱税の場合：2018年3月15日）の終了時点で経過していることになります。つまり、契約書の効力発生日を前提とすると2019年5月現在においては、Yの主張する通り、贈与税の決定の賦課権は除斥期間により消滅していると考えます。

(2) 贈与契約と贈与契約書の存在

　しかし、贈与契約書は、あくまでも実態のある贈与契約の要件や条件等（252ページ参照）を証明するために作成されるものに過ぎません。

　裁判例などでは、双方において実際に契約をするつもりがないにも関わらず、形式的に契約書に記載しただけの場合などには、その記載内容通りの契約ではない、又は通謀虚偽表示で無効（民法94条）なものと扱われて

いるものがあります。ただし、これらの判断は、事実認定とそれらの総合評価の問題となりますので、個別事案による判断が必要となります。

　税務上、贈与契約の有無や時期などで問題となる裁判例など[20]では、①贈与契約書の記載と異なる行動や言動をしていた事実はないか、②贈与契約書作成時（または効力発生日）に贈与を必要とする客観的、合理的な事情があるか、③租税回避目的以外に長期間にわたり登記をしない合理的な理由があるか、④対象とされてる物（不動産等）への支配管理、果実の帰属や贈与契約書前後の変化の状況などを考慮しているものと思われます。

（3）本件のケース

　最終的には個別事案による詳細な判断が必要ですが、以下の事情から本件では、少なくとも効力発生日についての記載は、実態の伴わない贈与契約書であるとされる可能性が非常に高いと考えられます。

①　贈与契約書の記載と異なる行動や言動をしていた事実はないか

　不動産などの所有権の移転があれば、所有権移転登記をすることが通常であるところ、ＸとＹは8年間にわたり登記をしていない上、Ｙには、「契約書を作成した当初から登記をする予定はなかった」という言動があります。

②　贈与契約書作成時（または効力発生日）に贈与を必要とする客観的、合理的な事情があるか

　甲不動産の利用状況も2010年4月1日前後で変化はなくＸが利用を継続しているという事情からすると、贈与契約書の記載の2010年4月1日を効力発生日とする客観的、合理的な事情は窺えません。

---

[20] 神戸地判昭和56年11月2日税資121号218頁等

③　租税回避目的以外に長期間にわたり登記をしない合理的な理由
　があるか

　　Y の「7年経過すれば、贈与税がかからないと聞いた。むしろそのため
に契約書を作成した当初から登記をする予定はなかった。」との発言から、
租税回避目的以外に長期間にわたり登記をしない合理的な理由も見受けら
れません。

④　対象とされてる物（不動産等）への支配管理、果実の帰属や贈与
　契約書締結（または効力発生日）前後の変化の状況など

　　甲不動産の利用状況も2010年4月1日前後で変化はなく X が利用を継続
していることからすると、贈与契約書の効力発生日である2010年4月1日
前後で支配管理や果実の帰属等について、変化があるものとはいえません。

(4) 結論

　　本件では少なくとも贈与契約書の効力発生日の記載について、実態のあ
る契約を反映したものとは評価できない可能性が高いことになります。

　　したがって、贈与の除斥期間は、契約書記載の効力発生日（2010年4月
1日）ではなく、実際に所有権移転登記のあった2018年4月1日の法定申告
期限の翌日から計算することになる可能性が高いと考えられます。

Question 52 　公正証書による贈与契約書があっても、「相続財産」とされる事例と「偽りその他不正の行為」

　個人X（父）と個人Y（子）は、2000年4月1日付けで甲土地について、公正証書により贈与契約書（効力発生も同日）を締結しました。Yは、贈与税の申告もせず、所有権移転登記などしていませんでした。Xは、2012年5月1日に他界しました。

　Yは、Xの死後、甲不動産の所有権移転登記を上記贈与契約書に基づき行い、相続税申告では、相続財産とはならない前提で申告をしました。

　2019年5月にYに相続税申告について税務調査が行われ、2019年12月に更正などがされました。この更正に対しては、甲土地が相続財産ではないことと相続税の更正などは除斥期間を経過していることを理由に不服申立てを考えています。過去の裁判例などに照らし見込みはいかがでしょうか。

Answer

　本件では、贈与契約の実態がなく、公正証書による贈与契約書は形式的に作成した文書に過ぎないものとされ、甲不動産は、相続財産として扱われることになる可能性が高いでしょう。また、この場合、除斥期間が7年となり、相続税についての賦課権の除斥期間は経過していないものとされる可能性も高いでしょう。

◉ 解 説 ◉

(1) 甲不動産は相続財産か

2000年4月1日付けで甲土地について、公正証書により贈与契約書（効

力発生も同日）を前提とすると、甲不動産は、相続税の対象となる相続財産には含まれないことになります。

しかし、公正証書といえども、贈与契約書は、あくまでも実態のある贈与契約の成立要件等（249ページ Question 50参照）を証明するために作成されるものに過ぎません。

裁判例などでは、双方において実際に契約をするつもりがないにも関わらず、形式的に契約書を作成しただけの場合等には、その契約が成立していない又は成立していたとしても、通謀虚偽表示で無効（民法94条）なものと扱われています[21]。ただし、これらの判断は、事実認定とそれらの総合評価の問題になりますので、個別事案による判断が必要となります。

税務上、贈与契約の有無や時期などで問題となる裁判例などでは、贈与契約書の記載と異なる行動や言動をしていた事実はないか、贈与契約書作成時に贈与を必要とする客観的、合理的な事情があるか、租税回避目的以外に長期間にわたり登記をしない合理的な理由があるか、対象とされている物（不動産等）への支配管理、果実の帰属や贈与契約書前後の変化の状況などを考慮しているものと思われます。

最終的には個別事案による詳細な判断が必要ですが、以下の裁判例等からみると本件では、実態の伴わない贈与契約書であるとされる可能性が高いと考えられます。

同種の事案である東京地判平成18年7月19日[22]は、以下のように判示し、生前の公正証書による贈与証書の効力を否定し、甲土地は相続財産に含まれるものとしています。

---

[21] 神戸地判昭和56年11月2日税資121号218頁など
[22] その後、東京高判平成19年12月4日、最決平成20年7月8日税資258号順号10984不受理で確定

3. 贈与税・相続税の税務上の時効　　259

完全な所有権を移転させることについて当事者間で確定的な合意が成立したものとして、「贈与証書」なる書面をわざわざ作成したのであれば、特段の支障のない限り、速やかに所有権移転登記の手続を経るのが通常であると考えられるところ、甲土地につき、Xと原告らとの間で登記手続を経ることについて支障があったことをうかがわせる事情は認められない。

それにもかかわらず、〜省略〜本件贈与証書が作成されてからXが死亡するまで13年近くもの長期間、Xから原告らへの移転登記が行われなかったことからすると、Xはその所有権を自身の下にとどめておく意思であり、原告らもそうした意思であったとみるのが自然である。

〜省略〜

そうであるとすれば、本件贈与証書は、Xから原告らに対して所有権を移転するとの真意を伴ったものと解するのは相当でなく、むしろ、贈与により所有権を移転するとの外観を仮装したものとみるのが相当である。

※「X」「甲」としたのは筆者。

(2) 賦課権の除斥期間 〜偽りその他不正の行為〜

Xが2012年5月1日に死亡したことを考えると、Yの相続税の法定申告期限は、2013年3月1日終了時となります。そして、通常の除斥期間を前提とすれば、その翌日である2013年3月2日から通常5年の除斥期間に服するとすると2018年3月1日の終了時点において、更正等の賦課権は消滅していることになります。そうすると、2019年12月になされた更正等は、違法なものということにもなりそうです。

しかし、本件では、「偽りその他不正の行為」となり、除斥期間が7年と判断される可能性が高いと思われます。ここでも、同種の事案である東京地判平成18年7月19日を引用します。なお、「偽りその他不正の行為」についての解説は、91ページをご参照ください。

X及び原告らは、贈与の実体の伴わない本件贈与証書を作成した上、Xの死後、原告らは、これに基づいて所有権移転登記を経ることにより、Xの相続財産に帰属すべき甲土地について、贈与を受けた財産であるかのような名義・外観を仮装したということになる。そして、原告らは、仮装された名義・外観を利用することによって、財産の帰属関係の解明を困難にし、甲土地が相続財産に含まれないとする内容の過少申告に及んだというべきであり、これが国税通則法70条5項にいう「偽りその他不正の行為」により第1次相続に係る相続税の一部の税額を免れたと評価できることは明らかである。

※「X」「甲」としたのは筆者。

Question 53　連帯納付義務と時効

　主たる納税者Ｘと相続税法34条による連帯納付義務者であるＹが
いる場合において、徴収権の時効についてのそれぞれの完成猶予・更
新事由（中断事由）は、どのような影響を及ぼすでしょうか。
　また、主たる納税義務の徴収権が消滅時効となった場合またはその
逆はどのようになりますか。

Answer

　完成猶予・更新（中断）と消滅時効の効果は、主たる納税義務につ
いて生じたか、連帯納付義務について生じたかにより、4パターン考
えられます。

◉　解　説　◉

（1）完成猶予・更新事由（中断事由）等について
①　主たる納税義務に生じた場合の連帯納付義務への影響

　主たる納税者の納税義務について生じた時効の完成猶予・更新（中断）
の効力は、連帯納付義務に及ぶと解されています。これは、連帯納付義務
は、主たる納税者の納税義務を担保するために課された特殊な義務であ
り、主たる納税義務が消滅しない限り、それを担保するために存続するこ
とから、主たる納税義務から独立して、時効期間の進行を認めるべきでは
ないという考え方に基づくものです[23]。つまり、民事上の時効における
主債務と保証債務の関係と同様に解されているということです（68ページ
Question 13参照）。裁決の中には、「民法457条1項が類推適用されるべき」

---

[23] 大阪高判平成14年2月15日 LLI／DB　判例秘書登載

第4章
Q＆A 贈与・相続編

と明示しているものもあります[24]。

② 連帯納付義務に生じた場合の主たる納税義務への影響

連帯納付義務について、完成猶予・更新（中断）の効力については、主たる納税者の納税義務には及ばないと考えられます（通則法72条3項、旧民法148条、新民法153条）。民法の保証債務について生じたこれらの事由が主債務に影響を及ぼさないことと同様です（69ページ Question 14参照）。

主たる納税者としては、連帯納付義務者がいるからといって、他人への措置で、徴収権の消滅時効期間が影響を受けるいわれはないからです。

(2) 時効による徴収権の消滅について

① 主たる納税義務が消滅した場合の連帯納付義務への影響

連帯納付義務は、第二次納税義務とは異なり（135ページ Question 21参照）、主たる納税義務が消滅時効により消滅すれば、それに付随して消滅すると解されています[25]。民法の保証債務の付従性により主債務が消滅すれば保証債務も消滅する（77ページ参照）という考え方と同様です。

② 連帯納付義務が消滅した場合の主たる納税義務への影響

連帯納付義務の消滅は、主たる納税義務への影響はありません。

---

[24] 平成22年11月4日裁決　国税不服審判所裁決事例集 No. 81
[25] 武田昌輔（監）「DHC コメンタール相続税法」2766頁等

3. 贈与税・相続税の税務上の時効　　263

Question 54　未分割財産が分割された場合の更正の請求と除斥期間

　被相続人Ｘの相続人子Ａと子Ｂは、不仲であり、法定申告期限までに遺産分割をすることができず、未分割で申告をしています。

　今後、遺産分割をしていかなければならないと思いますが、長期間に渡りそうです。

　相続税法32条では、一定の事由が生じたことを知った日の翌日から4ヶ月以内に更正の請求ができるとされていますが、同条1号の一定の事由である「遺産分割が行われた」（以下、「分割の確定」）とはどの時点をさすのでしょうか。

Answer

　遺産分割には、①協議による分割、②調停による分割、③審判による分割（④審判に対する即時抗告）という手続きがありますが、各段階により判断が異なるので注意が必要です。

◉ 解 説 ◉

(1) 相続税法における更正の請求

　相続税法における特殊な更正の請求事由については、114ページをご参照ください。

(2) 遺産分割の流れと「分割が行われた」とき

　遺産分割は、一般的に下記の順番で進められます。前段階で遺産分割がまとまれば、そこで終了となります。

第4章
264　Ｑ＆Ａ贈与・相続編

①協議による遺産分割➡合意ができれば終了

　　➠不合意

②調停による遺産分割➡合意ができれば終了

　　➠不調

③審判による遺産分割

　　➠不服申立て（即時抗告）

④審判に対する即時抗告に対する決定

①　協議による遺産分割

　協議による遺産分割は、AとBが裁判所等の手続きを利用することなく合意をするものです。一般的に、遺産分割協議書を作成し、署名（または記名）捺印することになります。

　このケースでは、原則として、遺産分割協議書に署名・捺印した日が、分割の確定を知った日となりますので、その日の翌日から4ヶ月経過前までに更正の請求をすることができます。

②　調停による遺産分割

　共同相続人であるA、Bが協議をしたが、合意に至らなかった場合には、家庭裁判所に調停を申立てることになります。調停委員などの第三者を介することで、合意ができないかを探ることになります。合意が成立する場合の大まかな流れを説明すると以下のようになります。

ⅰ：調停申立て

　　➠

ⅱ：第1回調停期日、第2回調停期日～

　　➠

3. 贈与税・相続税の税務上の時効　　265

iii：合意が成立した調停期日

    ↓

iv：調停調書の作成

    ↓

v：調停調書の発送と到達

　調停調書に、合意の内容が記載されるとその記載は確定判決と同一の効力を有することになります（家事法268条1項）。そうすると調書の作成日（iv）が、分割の確定を知った日とも思えます。

　しかし、調停手続きは、あくまでも当事者の合意によるものであり、調書の作成は、確定判決と同一の効力を有させるためのものに過ぎません。当事者の合意の時点で、遺産分割の内容は確定していますので、合意が成立した調停期日（iii）が、分割の確定を知った日ということになると考えられます[26]。したがって、その翌日から4ヶ月経過前までに更正の請求をすることになります。

③　審判による遺産分割

　調停が不成立（不調）で終了した場合には、調停の申立時に家事審判の申立てがあったものとみなされます（家事法272条4項）ので、自動で審判手続きに移行します。なお、調停を経ずに審判の申立てを行うことも可能ですが、裁判所の職権で、調停に付されることが実務上は多いです。家族・親族の問題ですので、まずは合意の道を探すべきというのが理由でしょう。

　審判では、調停と異なり、裁判所が職権により調査し、分割内容について判断をすることになります。

---

[26] 平成17年6月24日裁決　国税不服審判所裁決事例集 No. 69　252頁

手続きの流れは以下のようになります。

ⅰ：調停からの移行または審判の申立て
　　　⬇
ⅱ：第1回審判期日、第2回審判期日〜
　　　⬇
ⅲ：遺産分割審判
　　　⬇　　・審判書の作成　・審判の告知
ⅳ：即時抗告の期間（審判の告知を受けた日の翌日から2週間）の経過

　遺産分割の審判では、審判書の作成の後、当事者などに審判内容を告知されなければなりません（家事法74条1項、2項）。具体的には審判書の謄本[27]を送達することになります（ⅲ）。

　また、審判に対して不服がある者は、即時抗告という不服申立てをすることができますので、即時抗告がなく即時抗告期間が経過した際に審判の効力が生じるものとされています（家事法74条4項、2項但書き）。そして、即時抗告は、審判の告知を受けた日の翌日から2週間以内に行わなければなりません（同法86条）。

　仮に即時抗告があれば、次の④によることになりますが、抗告期間内に即時抗告がされない場合には、審判の告知を受けた日の翌日から2週間の終了時に審判の効力が生じることになりますので、その翌日が分割の確定を知った日となり、その翌日から4ヶ月経過前までに更正の請求をすることになると考えられます。

---

[27] 裁判所や家事部によっては、正本が送達されることもある。

④ 審判に対する即時抗告に対する決定

　審判に対して、即時抗告がされた場合には、審判をした家庭裁判所を管轄する高等裁判所が抗告裁判所となります。原則として、高等裁判所が決定により、抗告を棄却または審判に代わる裁判をすることになりますが、それに不服がある者は、最高裁判所にさらに抗告（特別抗告または許可抗告）をすることになります。原則的な大まかな流れは次の通りです。

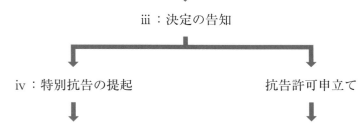

　この流れを見ると、ⅵ最高裁の決定が、分割の確定の基準となるものとも思えますが、特別抗告の提起及び許可抗告の申立てには、ⅱの高等裁判所の決定の確定を遮断する効力はありません（家事法95条1項等）。

---

[28] 適法性の形式審査にとどまる。
[29] 許可抗告を許可するか否かを含む。
[30] 仮に特別抗告の申立てを不適法として却下したとしても、それに対する特別抗告が認められるため、最終的には最高裁までの不服申立てが可能。
[31] 抗告許可の申立の却下決定・抗告不許可決定をしたとしても、それに対する特別抗告が認められるため、最終的には最高裁までの不服申立てが可能。

したがって、実務上は、ⅲの決定の告知を受けたことにより、ⅱ高等裁判所の決定は確定しますので、ⅲの決定の告知を受けた日が分割が確定した日と考えておくべきということになり、その翌日から4ヶ月経過前までに更正の請求をしておくべきです。

第5章

5

Q＆A
事業承継編

1. 株式に関する時効

　事業承継対策においては、意外に思われるかもしれませんが、時効制度が関連することが多くあります。

　本章では、事業承継の中核をなす株式、先代経営者からの貸付金・借入金の時効について Q&A 形式で解説します。なお、相続法の改正により遺留分の算定における特別受益が相続開始前の10年に限定されましたので、厳密には時効ではありませんが、事業承継に大きな影響を及ぼしますので、本章の「3. 遺留分の特別受益の期間制限」で解説します。

　本節では、まず、事業承継対策における株式の承継において、頻繁に問題となる名義株主対策、所在不明株主対策や株券交付がない株式譲渡（贈与を含む）に関する対策と時効との関連について、Q&A 形式で解説します。

Question 55　名義株主による取得時効の主張と名義株主への取得時効の主張

　顧問先の株式会社Ｘは、昭和55年（1980年）に設立された会社です。創業者（現社長）Ａの他に設立時から形式上6名の株主がいます。

　Ａとしては、株式会社の設立に発起人が7名必要だったので、その名残で残っているに過ぎず株主ではないという認識でいるようです。実際にも、株主総会の招集通知などを送っている様子はありません。

　しかし、今回Ａから息子Ｂに対して、事業承継を考えており、Ａが健在のうちにこの状態をしっかりと整理しておいた方がよいとも考えています。どのように対応することになるのでしょうか。

　こちらから、名義株の話をすることで、名義株主から名義株主でないことや取得時効の主張をされることはないのでしょうか。

Answer

　実務上、名義株については多くの事業承継において問題となります。確認書の締結などの対策ができるとベターです。できない場合には、取得時効などの制度も考慮に入れた上での検討が必要となります。

◉　解　説　◉

(1) 平成2年商法改正前設立の会社と名義株主

　平成2年（1990年）商法改正の施行前に株式会社を設立するには、原則として7名の発起人が必要でした。

　したがって、ご相談の時期（平成3年（1991年）3月31日まで）に設立された株式会社については、上記のような名義株主が複数存在するケースが散見されます。

1. 株式に関する時効　　273

(2) 名義株式の法的判断と対応

① 名義株主の法的判断

　単に名義株主といっても、法的には、以下の事情等を総合的に考慮して、真実の株主は誰かを決すことになります。仮にAが資金を拠出していたとしても、Aからその他の株主に対して、資金の貸付または贈与をした上で、その他の株主がその資金により払込みをしたとして、真実の株主であるという認定も理論上あり得るので、簡単に考えることはできません。

○資金の拠出者は誰か

○管理や運用は誰が行っているか

○配当金などは誰が受領しているか

○議決権の行使状況

○名義貸与者、名義借用者、会社の関係など

○名義貸しの合理的理由の有無

　本件のようなケースで、資金の拠出者がAであり、その他の株主が議決権行使や配当受領など株主であることから生じる一切の行為等をしておらず、代わりにAが行っていたということであれば、当時の会社設立のための要件から、Aがその他の株主から名義を借りることに一定の合理性もあるため、真実の株主はAとされる可能性が高いでしょう。

　そして、Aやその他の株主が、健在（認知症などでもない）なケースであれば、当時の事情を知っており、Aの創業者としての影響力も強いので、実務上紛争となることは稀かと思います。

　しかし、両者（特に名義上の株主）に相続などが生じてしまうと、その相続人は経緯を知らないため、株主の地位をめぐって紛争になることがあります。そして、紛争になれば、最終的には裁判所において、前述の事情

（証拠の有無を含む）を総合的に考慮して決定するという不安定な状況になります。

　事業承継を考える事案の場合には、株式の価値が設立時に比して非常に高額となっていることが多く、後継者Bの経営に支障がでるおそれもありますので、このような紛争は、できる限り創業者Aの代で予防しておくことが重要となります。

②　実務的対応

a)　覚書や確認書の締結

　創業者A及び名義上の株主が健在の場合には、お互いに経緯を知っているため、名義株主であることを確認する覚書の締結は、比較的、容易です。

　民事上は、真実の株主がAであることの確認と名義上の株主から真実の株主へ株主名簿などを書き換えることについての承諾をとっておけばよいと考えられます（ひな型第1条及び第3条）。

　ただし、税務上は、当事者の合意や確認があったとしても、名義株ではなく実質的には贈与があった等の認定も、一応あり得るところです（あくまでも国との関係で真実の株主は誰かという問題です）。

　したがって、名義株主であった旨の証拠の一つとして、真実の株主がAであることを基礎付ける事実の確認もしておくことが望ましいでしょう（ひな型第2条）。

名義株式確認及び株主名簿変更許諾書

　【名義貸人】（以下、「甲」という。）、【名義借人】（以下、「乙」という。）及び【会社名】（以下、「丙」という。）は、甲の名義となっている丙の株式　○○株（以下、「本株式」という。）について、以下の事項を確認する。

（確認事項）

第1条　甲と乙は、本株式について、甲がその名義を乙に貸与したのみであり、真実の株主は、乙であることを相互に確認する。

（経緯）

第2条　甲、乙及び丙は、本株式について、以下の事実を確認する。

　　　　一　甲は、乙から丙を設立するため株主の名義人になるよう依頼を受け名義のみの利用を許諾し、丙の株主であるとの認識はなかったこと

　　　　二　乙は、丙を設立するために甲の名義を借りたのみであり、甲を株主として認識したことはなく、本株式の払込金も乙が負担したこと

　　　　三　丙は、甲に対して、配当金の支払いや議決権の行使を認める等、甲を株主として扱ったことは、一切ないこと

（株主名簿の書換許諾）

第3条　甲及び乙は、丙に対して、本株式について、真実の株主である乙に名義を変更をすることを許諾し、請求する。

　以上を確認したことを証するため、本書面を作成し、甲、乙及び丙それぞれ署名・捺印の上、各1通を保有する。

令和●●年●●月●●日

（甲：名義貸人）

住所：●●

氏名：●●　　　　　印

（乙：名義借人）

住所：●●

氏名：●●　　　　　印

（丙：対象会社）

所在地：●●

会社名：●●

代表取締役　　　　印

b）確認書等の締結が難しい場合

確認書などの締結が難しい場合には、以下の方法を検討することになります。

(a) 紛争になった場合に備えて、証拠を揃える

まず、過去の株主総会について、名義上の株主に招集通知を送っていないことや当該株主が議決権の行使もしたことがないこと、配当も受け取ったことがないことなどが大きなポイントとなりますので、それを基礎付ける資料があれば揃えておくべきでしょう。また、弁護士などに依頼して、これまでの株取引の調査を行うと名義上の株主が、株主であることと矛盾が生じる証拠がでてくることもあります。

また、創業者Aが仮に亡くなると、当時の状況を説明できる創業者A側（名義株主であると主張する側）の人物がいなくなるため、Aが遺言などを残す際の「付言事項」に、その経緯も含めて、名義株であり、真実は相続財産であることなどを記載しておくことも大きな意味があると思われます。さらに、後述する (4) より、Aの取得時効の援用も視野に入れ、議決権行使をした証拠なども整備しておくとよいでしょう。

(b) 株主として取扱った上での買取り

事業承継のケースなど、早期に（承継前に）紛争の種を摘んでおきたいという要望があるケースでは、名義上の株主を実際の株主と扱い合意により、株式を買い取るということもあります（もちろん、株価などにもよるところです）。

その他、ケースによっては、281ページQuestion 56の所在不明株主の株式売却制度を利用したり、本書では詳細の解説は割愛しますが、特別支配株主の株式等売渡請求制度、株式併合スキーム、全部取得条項付種類株式スキーム、合併・株式交換を利用したスクイーズアウト等の強制的な買取り手法を活用するという方法もあるでしょう。

(3) 名義株主の取得時効の主張は認められるのか？

　この名義株対策に関連して、ご質問いただく事項として、仮に名義株主であっても、長年にわたり名義人となっている以上、取得時効が成立しないかというものがあります。

① 株主権（株主としての地位）は取得時効の対象となるのか

　第1章では、所有権の取得時効を中心に解説しましたが、取得時効の対象は、所有権のみではありません。株式は、「物」ではありませんので、所有権を観念することができませんが、「所有権以外の財産権」の取得時効を認める条文として、民法163条があります。「所有権以外の財産権」の例としては、地役権等の物権や借地権などがあります。

（所有権以外の財産権の取得時効）

民法第163条　所有権以外の財産権を、自己のためにする意思をもって、
　　平穏に、かつ、公然と行使する者は、前条の区別[1]に従い20年又は10年
　　を経過した後、その権利を取得する。

　株式の場合は、株主としての地位（株主権）がこの「所有権以外の財産権」として、時効取得の対象となると考えられています[2]。ただし、取得時効の対象となるとしても、各要件を充足する必要がある点は、所有権の取得時効（18ページ参照）と同様です。

② 要件充足性

　各要件としては、所有権ではありませんので、「所有の意思」というも

---

[1] 善意・無過失か否かという短期取得時効か長期取得時効の区別と同様（21頁）
[2] （反対説も存在するものの）東京地判平成15年12月1日判タ1152号212頁、東京地判平成21年3月30
　　日判例時報2048号45頁

のは観念できませんが、代わりに「自己のためにする意思」が必要となります。それ以外の要件については、短期か長期かも含めて所有権の取得時効と同様です（第1章18ページ以下を参照）。

本件について、その他の株主が、名義株主であるということを前提とすれば、株主権の行使（議決権の行使や配当金の受領）をしていないということになりますから、財産権を「平穏に、かつ、公然と行使する者」とは評価できないこととなります。

したがって、名義株主が、株主権を時効により取得するという心配は必要ありません。

(4) 真実の株主Aの取得時効の援用

Aが真実の株主という認識で、その他の株主名義の株式について、議決権の行使や配当金を受領していたということであれば、「権利者として社会通念上承認しうる外形的客観的な状態を備えていた」（既出の東京地判平成21年3月30日）ものとして、「公然と行使した」と評価できるものと考えます（詳細は285ページ Question 57参照）。

ただし、名義株の事案では、株主権の行使開始時に自分が株主であると信じたこと（22ページ参照）について、無過失であったという評価はできないと考えられますので、時効期間は20年ということになるでしょう。

仮に、名義上の株主（またはその相続人）が、自分が真実の株主であるという主張をしてきた際には、取得時効を援用することも、これらの要件を満たしていれば可能です。

この場合の時効の援用による課税関係が生じる（Question 57参照）のか、従来よりAが株主であったとして特に課税関係は生じないのかについては、181ページ Question 29を参照ください。

1. 株式に関する時効　　*279*

(5) まとめ

　時効の観点も含めて、名義株主の対策について解説しました。創業経営者Ａ等が健在であれば、後継者への承継前に整理をしておくことは難しくないというのが、実務上の感覚です。

　相続等が生じたケースですと、税務面も含め問題が紛糾するケースが増えますので、早めの対策が必要です。

Question 56　所在不明株主の株式売却制度と時効の関係

　株式会社Ⅹは、現代表取締役のAからBに対して、事業承継をするにあたり、このタイミングで少数株主の整理をするべきと考えています。

　2名の元従業員が株主となっています。しかし、何年も前から定時株主総会の招集通知などを株主名簿に記載されている住所に送っても、宛先不明で戻ってきてしまいます。

　現状、元従業員と交渉して、株を取得することが難しいのですが、何かよい方法はありませんか。

Answer

　所在不明株主の株式売却制度の利用が考えられます。債権の消滅時効との関係で、実務上メリットが生じることもありますので、その点も合わせて解説します。

◉　解　説　◉

(1)　所在不明株主の株式売却制度

　会社法上の制度として、所在不明株主の株式売却制度（会社法197条）というものが存在します。上場企業が利用することが多い制度ですが、一般的な中小企業にも適用のある制度です。

①　制度の実体的要件

　この株式売却制度を利用すると所在不明株主の同意なく、その者の株式を競売するか、裁判所の許可の下、会社自ら取得または会社が決めた個人（通常、現経営者または後継者）に売却することができます。

　制度を利用するために必要な実体的要件は、次の2つです。

1. 株式に関する時効　　*281*

> a）株主に対する通知・催告が5年以上継続して到達しないこと
>
> b）継続して5年間配当を受領していないこと

a）株主に対する通知・催告が5年以上継続して到達しないこと

　株主名簿に記載のある住所（特に株主から通知がある場合にはその場所や連絡先）に通知・催告が5年以上継続して、到達しないことが必要となります。あくまでも、株主名簿に記載のある住所などに通知すればよく、新らしい住所などを探す必要はありません。そして、株主名簿に記載のある住所などに通知を郵送し、宛先不明で返送されてきたとしても、到達したものとみなされます（会社法126条2項）。

　この5年は、実際に発送された通知・催告が到達しなかった時から起算されると考えられているため、今回のように定時株主総会の招集通知が届かないという場合を想定すると、6回連続して到達しなかったケースで、この要件を充足することになります。

b）継続して5年間配当を受領していないこと

　毎期株主総会決議によって株主への配当を実施している会社であれば、判断に悩むことはないと思います。一方で、中小企業では、株主への配当自体を行っていない場合も多いでしょう。

　そもそも、配当をしていない会社であっても、株主が「配当を受領していない」ということに変わりはありません。

　したがって、そもそも、配当を過去5年間していない会社であれば、この要件は問題なく認められます。

②　手続き

　手続きとしては、上記2つの要件を満たしていることを前提として、会社は、所在不明株主とその他利害関係人が一定期間内（3ヶ月以上）に異

議を述べることができる旨を公告し、さらに所在不明株主に個別に通知をすることになります。この個別通知は、以下の両方にする必要があります。

・株主名簿に記載のある住所
・特に株主から通知がある場合にはその場所や連絡先

なお、競売ではなく、会社が自ら買取りまたは会社が指定した者に売却したい場合には、前述の通り、裁判所の許可が必要です。

特に中小企業では、安心・確実に行うため、競売ではなく、裁判所の許可を取った方がよいでしょう。

(2) 売却代金など（消滅時効との関係）

この制度は、あくまでも、株式を会社が取得するまたは特定の者に売却するものですので、その代金は、所在不明の株主に交付しなければなりません。つまり、所在不明株主（またはその相続人等）は、会社に対して、売却代金交付請求権を有するということになります[3]。ただし、実際に「所在不明」ですので、現実にはその金銭を交付できるのかという問題があります。

この点、「所在不明」の株主ですので、現実には、代金交付請求権が行使されないケースも多いでしょう。そうすると、この代金交付請求権も、当然、債権の消滅時効により消滅するケースが多くなります。

具体的には、旧民法が適用される場合には、一般民事債権として10年が時効期間となります。一方で、新民法が適用される場合には、5年となりそうですが、このケースでは、契約上の債権と異なり、所在不明株主は、この代金交付請求権を行使できることを「知った」とは評価できない

---

[3] この場合、利息などの発生を防ぐためには、会社は上記代金を供託することも可能（民法494条）です。

場合がほとんどだと考えられるため、客観的起算点（13ページ参照）、つまり、権利を行使できる時から10年となり、旧民法と同じ取り扱いとなるケースが多い[4]でしょう。

　もちろん、消滅時効が完成する可能性が高いことを理由として、この制度を利用することをクライアント等に提案することではない（代金を用意できる前提での提案をする）と思いますが、結果としては、高い確率で、代金を支払わずに株式を取得できるということは実務上あります。

(3) まとめ

　以上が、会社法で認められている所在不明の株主の株式売却制度と消滅時効との関係などの解説になります。実務上、あまり支障にならないであろう細かい手続きの説明は割愛しましたが、税理士の先生としては、このような制度があることを知っておくことは、事業承継対策において、重要でしょう。

　また、所在不明から5年の経過を待てないなどの理由で、実体的要件の充足が難しい場合には、本書では詳細の解説は割愛しますが、特別支配株主の株式等売渡請求制度、株式併合スキーム、全部取得条項付種類株式スキーム、合併・株式交換を利用したスクイーズアウト等強制的な買取り手法を活用するという方法もあるでしょう。

---

[4] 権利行使ができることを途中で知った時は、その時から5年または客観的起算点から10年のうち早く経過する方になります（40ページ Question 7参照）。

Question 57 株券交付がない株式譲渡（贈与を含む）に関する時効と課税関係等

顧問先 X 社は、登記簿上、株券発行会社となっていますが、株券は見当たりません。

この場合、事業承継の対策（少数株主からの株式の取得や後継者への贈与等）をする場合、株券不発行会社と同様に扱うという対応で問題ないでしょうか。

また、問題がある場合には、過去の株式の譲渡はどのように扱われるのでしょうか。対策を含めて教えてください。

Answer

株券発行会社における株式の譲渡（贈与を含む）には、株券の交付が必要となります。これを欠く場合には、当該譲渡が無効なものとして、事業承継や M ＆ A などにおいて、法務上、重大な影響を及ぼすこともあります。また、税務上も難しい問題が伴います。なお、対策には時効の観点の考慮も必要になりますので、解説をご参照ください。

◉ 解 説 ◉

(1) 株券発行会社と株式の譲渡

実務上、株券発行会社であるにも関わらず、株券の交付がない株式譲渡がなされているケースが非常に多く散見されます。会社法のルールが周知されていないことから生じる問題ですが、事業承継に重大な影響を及ぼすことがあるため、まず、株券発行会社における会社法上のルールを解説します。

1. 株式に関する時効　　285

①　株券発行会社の経緯

　平成16年商法改正以前は、すべての株式会社について、株券を発行するものとされていました。この改正により定款の記載があれば、例外的に株券不発行会社とすることができるとされました。その後、平成18年の会社法の制定により、株式会社は、原則として株券不発行会社とすることになり、定款で株券を発行する旨を定めた場合に限り、株券発行会社となるというように整理されました（会社法214条）。

　しかし、会社法が施行された平成18年5月1日以後に設立された会社は、定款に定めをおかなければ、株券不発行となる一方で、それより前に設立された会社については、従前通り、株券発行会社となっています（会社法の施行に伴う関係法律の整備等に関する法律76条4項）。

　つまり、事業承継などが問題となる社歴の長い会社では、定款変更などの措置をとっていなければ、株券発行会社のままということになりますので注意が必要です。なお、平成18年5月1日より前に設立された会社では、平成18年5月1日付で商業登記簿に株券発行会社である旨が、職権により登記されています。

②　株券の交付を欠く株式の譲渡の効力

　株券発行会社の場合、株式の譲渡は、譲渡の合意（売買や贈与の合意）のみでは効力が生じず、「株券の交付」も合わせて行うことが必要となります（会社法128条1項）。

　つまり、株券の交付が伴わない譲渡の合意のみがあったとしても、株主権（株主の地位）は移転しておらず、会社の株主名簿などは真実の権利関係を表していないということになります。これは、譲渡が有効であることを前提とした対抗要件の問題とは異なりますので注意が必要です。

　事業承継における少数株主からの株式の取得や後継者への譲渡が実は無効であるということになり兼ねないということです。

> 会社法第128条　株券発行会社の株式の譲渡は、当該株式に係る株券を交
> 　　付しなければ、その効力を生じない。ただし、自己株式の処分による株
> 　　式の譲渡については、この限りでない。
> 2　株券の発行前にした譲渡は、株券発行会社に対し、その効力を生じな
> 　い。

a) 実際に株券を株主に発行している場合（会社法128条1項）

　会社が実際に株主に株券を交付している場合には、会社法128条1項により、株券の交付を受けなければ、株主権移転の効力は生じません。

b) 実際には株券を株主に発行していない場合（会社法128条2項）

　会社が実際には株主に株券を発行していない場合や株券の不所持制度を利用している場合などでは、株券発行前にした譲渡として、会社法128条2項が適用されます。この表現から譲渡の当事者間では有効であると解されますが、「効力が生じない」とされている以上、株主名義の書換などの株式の対抗要件（会社法130条）とは異なり、会社側から株式の譲渡の効果を認めることはできないと解されています。つまり、譲受人は会社に株主権を主張できませんし、会社から認めることもできませんので、実態として a) と異なるところはありません。

　このような会社の場合には、譲渡者は、一度会社に株券の発行を請求した上で、譲受人に「交付」をしなければなりません。

　なお、会社が株券発行義務に違反して、株券発行を不当に遅滞しているケースでは、信義則上、譲受人が会社に対して株主であることを主張できるとする判例[5]があります。ただし、現在の会社法では、事業承継などで多くを占める非公開会社において、株主から請求がある時まで株券を発行しないことができます（会社法215条4項）ので、単に株券が発行されてい

---

[5] 最判昭和47年11月8日民集26巻9号1489頁

1. 株式に関する時効　　*287*

ないというのみでは、不当に遅滞しているということにならないものと考えられます。

c）株券「交付」の方法

株券の交付とは、株式の引渡し、すなわち株券の占有を移転することをいうと解されています。

この「引渡し」の方法としては、ⅰ現実の引渡し（現実に株券を引渡して交付する方法：民法182条1項）のみではなく、ⅱ簡易の引渡し（従前占有していた者に意思表示だけで占有を移転するという方法：民法182条2項）、ⅲ占有改定（代理人が占有している物を以後本人のために占有する旨の意思表示により本人に占有を移転するという方法：民法183条）、またはⅳ指図による占有移転（代理人が占有している場合、本人が代理人に対し以後第三者のために占有することを命じ、第三者が承諾することにより第三者に占有が移転するという方法：民法184条）でも可能であると解されています[6]。

（2）事前対策

これから事業承継に向けて、株式の譲渡を行う場合には、ⅰ株券を交付する形で行うか、ⅱ株券不発行会社に定款変更手続きをし、登記をした上で行うことになります。

通常は、株券不発行会社に変更した上で、対策を行うことをおすすめします。

（3）事後対策（株券交付を失念した場合）

一方で、過去の株式の譲渡において、株券の交付がなかったというケースはどのように対策をすればよいのかという点が、実務上非常に悩ましい問題です。

---

[6] 東京地判昭和63年11月24日判タ701号251頁

株券不発行会社に変更すれば、過去の株式の譲渡についても、問題がなくなるというような誤解をされている方も多いように感じますが、この変更は、株券発行会社の時点で行った過去の株式の譲渡を有効にするわけではありませんので注意が必要です。実際に事業承継対策等では、過去の株式の譲渡履歴表等を作成し、現在の株主名簿と真実の株主関係を比べ、分析した上で、以下の対策を行う行わないも含めて個別具体的に検討することが必須でしょう。

　以下では、このようなケースの一般的な対策及び整理を解説します。なお、実務上は対策を講じることにデメリットが大きい場合等には、そのデメリットと比較し、できる限りの範囲で対策を行うことになります。

①　改めて交付を行う方法

a) 交付請求権

　譲渡人から改めて、株券の交付を受けるという方法です。仮に譲渡人が拒否した場合には、各契約（売買や贈与）に基づいて、株券の引渡請求をすることになります。

　この部分も誤解が多いところですが、株式譲渡（株主権の移転）という物権的な効力が生じていないのみであって、契約当事者に生じるこれらの契約に基づく個別の債権債務は有効と解されます[7]。

　なお、この方法によったとしても、株式の譲渡の効力が契約時に遡って有効となるわけではなく、改めて交付を受けた時に譲渡（株式の移転）の効力が生じると解さざるを得ない点は注意が必要です[8]。

b) 消滅時効との関係

　この株券の引渡請求をする場合、注意が必要なのが消滅時効との関係です。

---

[7] 東京地方裁判所商事研究会著「会社訴訟の基礎」P168以下
[8] 山下友信（編）商事法務「会社法コンメンタール」3巻314頁等

この株券の引渡請求権は、契約から生じる債権という位置付けですから、消滅時効の適用対象となります。具体的には、引渡請求ができる時[9]の翌日から一般民事債権として10年間[10]で時効が完成することになります。

　なお、私見ではありますが、10年を経過しても、個別具体的な事情により、裁判所が信義則等の一般法理により救済をする可能性はあります。しかし、あくまでも例外的な救済措置の可能性があるというだけで、時効が完成している場合には、交付請求を行うことは、実務上得策ではないことが多いと考えます。

　仮に、裁判所が法理論通りの結論を示した場合には、譲渡者が株主であることが確定してしまうことや下記の取得時効という整理もあることも踏まえると、10年間問題が生じなかったことから今後も問題が生じないであろうと割り切って、交付請求をしないという判断も、実務上は必要になるでしょう。

c) 課税判断との関係

　前述の通り、改めて株券の交付を受けたとしても、契約が遡って有効となるわけではなく、交付時に譲渡があったものと解されます。したがって、例えば、過去の贈与契約に基づいて株券を交付した場合、純理論的には、その時点で、贈与税の課税などが問題になると思われます。

　ただし、現実に税務署が補足することが困難であることや既に納付した贈与税の扱いが問題となること等からか、実務上、課税されたという話を筆者は聞いたことはありません。ただし、理論上は問題となり得る上、過去に納付していた贈与税の金額について更正の請求の除斥期間との関係なども生じるため、税理士の先生としては、依頼者への説明責任等の関係で、注意をしていただいた方がよいと思います。

---

[9] 契約日や承認機関の承認時点とされている契約書が多い。
[10] 2020年4月1日以降の契約からは新民法適用のため、5年。

② 株主権の取得時効

a) 取得時効の可否

特に株券を実際には発行していないケースにおいては、譲受人が、取得時効をした（またはする）という整理をして割切るという方法です。

なお、株主権も取得時効の対象となるものと考えられます（273ページQuestion 55参照）。

（a) 時効期間

当事者が株式の譲渡に株券の交付が必要なことを知らなかったとしても、法律で定められたルールである以上、株主権の行使開始時に自分が株主であると信じたこと（22ページ参照）について、無過失であったという評価はできないものと考えられますので、20年ということになるでしょう。

（b) 「公然と行使した」といえるか

譲受人が株主名簿に記載され、毎年定時株主総会時には招集通知を受領の上、議決権を行使をしており、配当を受けていた等株主権を継続的に行使していたということであれば、「権利者として社会通念上承認しうる外形的客観的な状態を備えていた[11]」ものとして、20年間「公然と行使した」と評価できるものと考えます。

問題は、同族会社等においては、実際には、株主総会は開催されていない上、配当をしない会社も多いため、この要件を充足しない可能性もあるという点です。ただし、そもそも20年前という要件ですので、問題が発生する確率は低いとして、今後は招集通知の発送及び定時株主総会を開催し、議決権行使の事実を証拠とともに完備する前提で、割り切ることも一案です。

---

[11] 東京地判平成21年3月30日判例時報2048号45頁

b) 課税判断との関係

こちらについても、仮に譲渡者やその相続人等と争いとなり、取得時効を援用した場合には、その時点で株主権を取得したことになります。このケースでは、純理論上は、時効援用時に一時所得が発生するということになるでしょう（175ページ Question 27参照）。

③　金銭補償や株式譲渡が適切かを判断する

親族や親族でない従業員個人に対する事業承継のケースでは、上記①及び②の整理や方法で割切ることも可能ですが、第三者の会社などへの M&A のケースでは、この部分がネックとなり、M&A 自体がなくなってしまうということも考えられます。

このようなケースでは、一種の補償金額を支払うという方法も考えられます。もちろん、金額については、M&A がなくなることのデメリットなどを十分に検討した上で、いくらまでなら支払えるのかを検討する必要があります。

一方で、特に将来、X 社の上場（IPO）や転売すること等（エグジット）を目的としているプライベートファンドなどが買主となるケースでは、金銭の補償ではあまり意味を有しないことがあります。このようなケースでは、本書の目的から詳細は割愛しますが、株式の譲渡ではなく、事業譲渡や組織再編行為（吸収分割や株式交換等）を利用（またはそれらの組み合わせ）するなど、他のスキームを検討することが M&A を実現するために必要なこともあります。

もちろん、株主総会の承認などが必要になりますので、過去の株式譲渡履歴を分析し、3分の2の議決権を確保することができるのかという点などを把握した上で行うことが必要になります。また、組織再編行為などの場合には、その無効を主張する場合、効力発生日から6ヶ月以内に訴えを提起しなければならない（会社法828条1項7〜12号等）という提訴期間が

あることから、株式の譲渡を行うよりも安定性が高いということの考慮
も、このようなケースではあり得るところでしょう。

（4）まとめ

　過去の株券の交付を欠く株式の譲渡は、事業承継等にあたり、問題を解
決する完全な法的手段はないため、時に深刻な問題を生じさせます。

　これから対策をする場合には、必ず会社法のルールを守った上で対策を
していただければと思います。また、過去の取引については、実務上は、
どうにもならない点もありますので、上記の①、②、③などを考慮した上
で、対策をするかしないかを含めて意思決定が求められます。

2.

先代経営者貸付・借入に関する時効

　本節では、よく税理士の先生からご相談をいただく事業承継における先代経営者からの貸付金や借入金と消滅時効の関係を Q&A 形式で解説します。多くのケースでは消滅時効を利用した対策は難しいと考えられますが、実務上、誤った方法による対策をしようとしているケースが散見されますので、注意が必要です。

Question 58　会社の先代経営者からの借入金と時効

　株式会社甲の経営者（代表取締役）であったXは、甲に対して、2008年4月1日までに3,000万円の貸付金（甲から見れば役員借入金）債権を有していました。Xは、2018年3月期まで、甲の代表取締役を務め、その後は、自分の息子であるAを代表取締役とすることで事業承継を行いました。Xは、2019年4月1日に他界しましたが、相続人は子A、B、Cの3名です。株式については、Aが生前贈与で承継しているのですが、この貸付金については、何の対策もとられていませんでした。

　遺産分割がまとまらない場合、甲は、この役員借入金について消滅時効を援用することは可能でしょうか。

　また、この場合、Xから甲への貸付金は、時効完成後、時効援用前の相続開始ということで、A、B、Cの相続税の財産評価にあたり、0円として評価してもよいでしょうか。

Answer

　本件のケースでは、時効の更新（中断事由）が生じていると考えられますので、時効の援用をすることはできないと考えられます。また、相続税申告において評価額0円とすることもできないでしょう。

◉ 解 説 ◉

(1) 被相続人の会社への貸付金と相続

　まず、Xは、株式会社甲に対して、3,000万円の貸付金債権を有しています。そして、この貸付金債権については、実務上全員の合意がある場合は別として、遺産分割の対象になるものではなく、相続開始と同時に相続

2.　先代経営者貸付・借入に関する時効　　*295*

分に応じて、当然に承継されることとなります（208ページ参照）。

つまり、相続によりA、B、Cが各々1,000万円ずつ甲に対して貸付金債権を有している状態となります。

(2) 時効の援用の可否

① 相続と時効期間の計算

一般的には相続があった債権について消滅時効の期間を計算する場合には、当然債権者Xの生前から計算することになります。つまり、2008年4月1日からXが他界した時期を見れば、通常の時効期間は経過していると考えられます。

② 時効の更新（中断）

通常株式会社などが自己の決算書類や確定申告書に添付する勘定科目内訳明細書を作成し、株主へ報告したり税務署に提出するのみでは、債権者への債務の承認があるものとして、時効の更新（中断）があるとはいえません（62ページ Question 10参照）。

しかし、本件では、Xは、2018年3月期まで代表取締役を務めています。つまり、債権者自らが、債務者甲の行為として決算書類を作成し、承認した上で、これらの資料が作られているものと考えられます。

そうすると、2018年3月期については、これらの書類の作成にかかわったかは不明ですが、遅くとも2017年3月期の確定申告書の作成時において、債務者甲から債権者Xに対して、債権の存在の表明があり、この時点で債務の承認があったと評価されることから、新たに時効期間が進行しているものと考えられます。

したがって、相続開始時の2019年4月1日において、時効が完成していません。

(3) 結論

現時点において、甲は、相続人 B、C から請求があった場合でも、時効の援用は認められず、債務の消滅を主張することができないものと考えられます。また、相続開始までに時効の完成がしていないため、相続税の財産評価上、時効完成後時効援用前の相続開始（241ページ Question 48参照）とも評価することはできません。

Question 59　会社の先代経営者への貸付金と時効

　株式会社甲は、経営者（代表取締役）であった X に対して、2007年4月1日までに3,000万円の貸付金債権を有しています。

　X は、甲の代表取締役を務めていましたが、2018年4月1日に他界しました。相続人は子 Y と Z です。甲の株式については、遺言により、後継者である親族関係のない従業員 A に特定遺贈されています。

　死亡退職金の支払いの際に、相殺等をすればよかったのですが、当時はそのような話をすることなく、相続開始後しばらくは放置していたようです。

　貸付金債権について回収するなり貸倒処理するなりを考えなくてはなりません。その前提として、2020年4月1日現在おいて、甲は、Y や Z へ3,000万円を請求できるでしょうか。消滅時効にかかっていますでしょうか。

Answer

　甲の相続人 Y と Z に対する貸付金債権は時効により消滅していないと考えられますので、法定相続分に応じて請求をすることができます。

　そして、貸倒損失となるかの判断は、Y と Z の資力によることとなります。

◉ 解　説 ◉

（1）会社から被相続人への貸付金と相続

　まず、X は、株式会社甲に対して3,000万円を返済する債務を負担していました。そして、この債務は、相続放棄がない限り、相続人である Y と Z が法定相続分（2分の1ずつ）に応じて、承継することになります（213ページ Question 39参照）。

したがって、甲は、YとZに対して、1,500万円を請求することができます。

(2) YとZの消滅時効援用の可否

① 相続と時効期間の計算

相続があった債務について消滅時効の期間を計算する場合には、当然Xの生前から計算することになります。つまり、2007年4月1日からXが他界した時期を見れば、通常の消滅時効期間は経過していると考えられます。

② 時効の更新（中断）

通常、債権者である甲が、決算書類や確定申告書に添付する勘定科目内訳明細書を作成する行為は、債務者へは何ら影響を及ぼすものではありません。

しかし、債務者Xは、生前甲の代表取締役を務めており、会社の代表者としての上記書類の作成行為や承認が、債務者個人としての債務承認となるのかについては争いがあるところです。

この点について、判例[12]は、代表取締役が、「会社の自己に対する貸付金を記載した決算報告書の作成に関与し、決算内容を承知してこれを会社に提出したもので、その際に個人としてもとくに異議を留保した事跡はない、というのであるから～筆者略～決算報告書に記載された自己の債務の存在を承認したものと解するのが相当であ」るとしています。

このような判例の考え方からすると、遅くとも相続開始前までの決算報告書の作成に関与していた時点で、債務者Xから債権者甲に対して、債務の承認があり、時効が更新（中断）しているものと考えられます。

---

[12] 最判昭和56年6月30日判タ447号76頁

（3） 結論

　したがって、甲としては、2020年4月1日現在おいてXの相続人である
Y及びZに対して、3,000万の半額ずつ請求をすることができるという
ことになります。また、貸倒損失として、損金算入するには、Y及びZ
の資力の関係で、回収不能要件を判断しなくてはなりません。

3. 遺留分の特別受益の期間制限

　民法の相続法部分が改正され、2019年7月以降に生じた相続については、遺留分制度が従来と変更になります（詳細は第4章（220ページ）参照）。

　特に、遺留分の算定基礎となる特別受益の期間制限については、事業承継の根幹である自社株の承継と相続紛争について、大きな意味を持つものですので、本節において Q&A 形式で解説します。

Question 60　株式の生前贈与と相続法の改正による遺留分の特別受益算入期間

　株式会社甲の経営者Xは、甲の大株主です。

　Xには、長男A、次男Bの推定相続人がいます。Xは、長男Aを後継者としたい意向で、Aには事業承継税制の特例措置を利用して、生前贈与により、株式を承継させる予定です。

相談①

　株価が現状でも高いのですが、今後さらに高くなるのではないかと予想できる状態ですので、遺留分についても考えなくてはいけないと思っています。特に株式の贈与について遺留分で気をつける点があれば教えてください。

相談②

　最近の相続法改正により、10年で遺留分侵害額請求をされることがなくなると聞きましたが例外はありますか。

相談③

　仮に、相続開始9年前に甲株式をAに贈与し、相続開始11年前に不動産をBに贈与していた場合、Bへの不動産の贈与は考慮されずに、BからAに対する遺留分侵害額請求がなされるのでしょうか。そうであれば、贈与の順番なども考慮して対策を考える必要があるので教えてください。

Answer

相談①　株式の場合には、贈与時の時価ではなく相続発生時の時価で遺留分算定を行うことになる点に注意が必要です。

相談②　例外がありますので、解説をご覧ください。

相談③　Bへの不動産の贈与も考慮されます。

◉ 解 説 ◉

(1) 遺留分侵害額の計算方法

　遺留分の制度趣旨や大きな改正については、220ページ Question 42 をご参照ください。

　前提として、遺留分侵害額の計算方法について、簡単に紹介すると以下のようになります。

遺留分侵害額
＝①個別相続人が有する具体的な遺留分額 − ②請求者が得た利益の額

---

①個別相続人が有する具体的な遺留分額
　＝<u>遺留分算定基礎となる財産</u>×（遺留分割合率[13]×法定相続分率）

※<u>遺留分算定基礎となる財産</u>
　　相続開始時の被相続人の積極財産 − 相続債務の全額
　（遺贈・死因贈与された財産を含む）
　＋）被相続人が以下の「贈与した」財産の価額
　　　ⅰ 相続開始前の1年間になされた贈与
　　　ⅱ 贈与者と受贈者が遺留分権利者に損害を加えることを知ってなされた贈与または不相当な対価でなされた処分
　　　ⅲ 共同相続人への特別受益（贈与等）となるもの
　　　　→原則：相続開始前10年以内の贈与に限定（相続法改正）

---

[13] 配偶者や子がいる場合：2分の1　両親など直系尊属だけの場合：3分の1　なお、兄弟姉妹には遺留分はありません。

②請求者が得た利益の額
 ＝（請求者が相続により得た財産額－個別相続人の相続債務負担額）
  ＋）請求者が受けた特別受益（贈与等）額＋遺贈額

(2) 株式の贈与で気をつける点～相談①～

　遺留分の算定基礎となる財産には、Aへの生前贈与が特別受益として算入されることになります（前述①－ⅲ参照）[14]。

　特に株式のように将来に渡り価値が変動するものについては、評価時点について注意が必要です。

　遺留分の算定においては、贈与時点ではなく、相続開始時点でその株式が評価されることになります。

　甲の株式は、将来高くなることが予想できる状態ということですので、相続開始時点において、贈与の時点よりも株価が高くなっていれば、それを前提に評価されることになります。

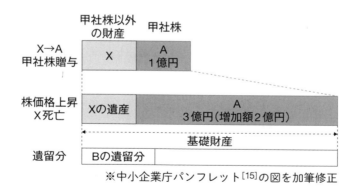

※中小企業庁パンフレット[15]の図を加筆修正

　つまり、Aは、Xの相続開始までに後継者として成果をだすほど、B

---

[14] 最判平成10年3月24日民集52巻2号433頁
[15] 事業承継を円滑に行うための遺留分に関する民法特例―中小企業庁

の遺留分は増えてしまい、Aの支払額は増えることになってしまいます。

（3） 相続法改正による特別受益の期間制限〜相談②〜

① 特別受益の10年に限定

　前述の通り「ⅲ共同相続人への特別受益（贈与等）となるもの」については、遺留分の算定基礎となる財産に算入されます。この特別受益とは、相続人への贈与などをいいますが、これまでは、この算入される特別受益に特に期間制限はありませんでした。

　しかし、今回の相続法の改正により、原則として相続開始前10年間になされたものに限定されることとなりました（新民法1044条3項、1項）。これは従来より古くの贈与の存否をめぐり紛争が長期化するケースが多いことから改正されたものです。

　なお、この改正は、2019年7月1日以降に発生した相続について適用があります。

② 例外

　ただし、例外が存在します。具体的には、「当事者双方が遺留分権利者に損害を加えることを知って贈与をしたとき」と評価される場合には、10年より前の特別受益の価額も算入されることになります。

> 新民法第1044条　贈与は、相続開始前の1年間にしたものに限り、前条の
> 　規定によりその価額を算入する。当事者双方が遺留分権利者に損害を加
> 　えることを知って贈与をしたときは、1年前の日より前にしたものにつ
> 　いても、同様とする。
> 2　……省略……
> 3　相続人に対する贈与についての第一項の規定の適用については、同項
> 　中「1年」とあるのは「10年」と、「価額」とあるのは「価額（婚姻若し
> 　くは養子縁組のため又は生計の資本として受けた贈与の価額に限る。）」
> 　とする。

　この「当事者双方が遺留分権利者に損害を加えることを知って贈与をした とき」の第1項の規定は、相続法改正前の旧民法1030条にも同じ規定が ありました。相続法改正では、それを第3項が準用する形をとっています。

　そして、この「当事者双方が遺留分権利者に損害を加えることを知って 贈与をしたとき」とは、判例は以下のように考えています。

大判昭和11年6月17日

ⅰ 贈与当時財産が残存財産の価額を超えることを知っていたのみならず、

ⅱ 将来相続開始までに被相続人の財産に何らの変動もないこと、少なくと もその増加のないことを予見していた事実があることを必要とする。

　非常に古い判例ですが、実務上のリーディングケースとして扱われてい ます。相続法の改正に伴い今後の判例変更等の可能性がないわけではあり ませんし、事実認定は個別の事案により行う必要がありますが、実務家の 感覚としては、「少なくともその増加のないことを予見していた事実」は、 ハードルが高い要件かと考えます。

これらの事実の有無は、「贈与財産の全財産に対する割合だけではなく、贈与の時期、贈与者の年齢、健康状態、職業などから将来財産が増加する可能性が少ないことを認識してなされた贈与であるか否かによるものと解すべき」とされています。

　例えば、Xが贈与の時点で、病気の場合や高齢の場合などで、年金生活で、将来財産が増加する見込みがないような状況ですとこれに該当することとなるでしょう。

　なお、「当事者双方」が認識している必要がありますので、親族外承継の場合には、より例外に当たる可能性は低くなります。

(4) 相続開始の10年より前の特別受益と侵害額〜相談③〜

　相続開始9年前に甲株式をAに贈与し、相続開始11年前に不動産をBに贈与していた場合、Bへの不動産の贈与は考慮されずに、BからAに対する遺留分侵害額請求がされるかという点ですが、これは、前述の遺留分侵害額の計算方法の②請求者が得た利益の額のうち、「請求者が受けた特別受益（贈与等）額」についても10年の限定があるかという問題です。

　しかし、相続法改正後の民法を見ると、この10年限定は、あくまでも「遺留分」の算定に関して適用されるもの（新民法1044条3項）であり、遺留分権利者（請求者）が受けた特別受益については準用などもされていません。

　したがって、上記事例で、BのAに対する遺留分侵害額の計算をするに際しては、Bの遺留分から不動産の生前贈与分については、年数にかかわらず「請求者が受けた特別受益（贈与等）額」として差し引かれることになります。

3. 遺留分の特別受益の期間制限　　*307*

(5) 相続法の改正で、事業承継における遺留分対策の必要性は薄まったのか？

　確かに、遺留分の算定基礎となる財産への特別受益算入について期間制限が設けられたので、将来、遺留分侵害額請求がされるケースや金額自体は少なくなると思われます。

　しかし、結局のところ、いつ相続が開始するかは不確定ですし、もちろん後継者以外の相続人Bに対しても、その後の親族関係を考慮すれば、より財産を残せることにこしたことはありません。

　したがって、10年に限定されたことから遺留分対策として早めの生前贈与さえしておけばよいという単純な話ではなく、あくまでも、経営承継における遺留分に関する民法特例の活用、生命保険を活用した代償資金の確保など、これまでの遺留分対策も変わらず進めていくことが必要でしょう。

◆ 著者紹介 ◆

弁護士法人 ピクト法律事務所代表

弁護士　**永吉 啓一郎**（ながよし けいいちろう）

愛知県知多市出身

2011年　司法試験合格

2012年　鳥飼総合法律事務所入所

2015年　弁護士法人ピクト法律事務所を設立し、代表に就任

　現在、約150名の「税理士」が会員となっている「メーリングリスト法律相談会」を運営し、年間200件以上の相談を受けている。

税理士を対象とした研修講師等を多数行うほか、「税理士×法律」というメディア運営や約2,000の税理士が購読する「税理士のための法律メールマガジン」等を通じて、税理士業務に必要な法律情報や実務上の留意点などを広く発信している。

また、税理士と連携した税務調査支援、税務争訟対応や相続・事業承継対策などを多く取り扱っている。

■弁護士法人 ピクト法律事務所
現在、7名の弁護士が所属し、各弁護士が専門分野を持ち活躍している。
税理士向けのサービスには、以下のものがある。
○税理士限定　メーリングリスト法律相談会（年2回の募集）
　https://pct-law.jp/service/zeirishi-mail/
○税理士×法律
　https://zeirishi-law.com/
○税理士のための法律メールマガジン
　https://pct-law.jp/service/zeirishi-magazine

民事・税務上の「時効」解釈と実務
～税目別課税判断から相続・事業承継対策まで～

2019年6月6日　初版発行

著　者　　永吉 啓一郎 ⓒ

発行者　　小泉 定裕

発行所　　株式会社 清文社

東京都千代田区内神田1－6－6（MIFビル）
〒101-0047　電話 03(6273)7946　FAX 03(3518)0299
大阪市北区天神橋2丁目北2－6（大和南森町ビル）
〒530-0041　電話 06(6135)4050　FAX 06(6135)4059
URL http://www.skattsei.co.jp/

印刷：亜細亜印刷㈱

■著作権法により無断複写複製は禁止されています。落丁本・乱丁本はお取り替えします。
■本書の内容に関するお問い合わせは編集部までFAX(03-3518-8864)でお願いします。
■本書の追録情報等は、当社ホームページ（http://www.skattsei.co.jp/）をご覧ください。

ISBN978-4-433-63649-4